KB168501

智略 謀略

지략과 모략

약자가 강자를 이기는

이준구, 민윤식 외 지음

도서출판 린

목숨 걸고
체험한 지식의 지혜

삶의 여정에 지혜의 심장을 가져라

지혜가 살아 숨 쉬는 고전에는 인간의 욕망과 심리, 권력을 향한 집념, 험난한 세상을 살아가는 지략 등이 한 편의 영화처럼 흥미진진하게 담겨 있다. 비록 그 시간적·공간적 배경은 다르지만, 인간이 살아가는 방법만은 어디 가나 모두 비슷하다는 사실을 깨닫게 된다. 고전의 인물을 현재 우리가 처한 상황과 대입해 생각해 보는 것도 이 책을 읽는 또 다른 재미이다. '지금 우리가 사는 현대사회에서 제갈공명이 지도자라면 복잡하게 얽인 실타래를 잘 풀 수 있을까' 하는 생각을 해 보면 고전에 대한 새로운 맛이 느껴진다.

'제갈공명이 현세에 우리의 지도자라면 복잡한 사회의 꼬인 문제들을 잘 해결할 수 있을까?' 아니면 '조조 같은 인물이 지도자가 되어야 나라를 살찌우는 데 도움이 되는 걸까?'

시대와 공간을 뛰어넘어 상상의 나래를 펼쳐 본다면 중국 고전에 대한 이해를 넘어 역사에 대한 이해까지 가능할 것이다.

인생의 근원적인 문제를 묻고 답하다

또한 '인생이 무엇인가'라는 근원적인 물음에도 실감 나는 답변을 준다. 역사 속에서 생생하게 벌어졌던 이야기를 통해 우리가 체감할 수 있는 현실적인 답을 얻도록 했다. 예를 들어, 사람살이가 현직에 있을 때만 힘을 발휘한다는 각박한 세상의 인심은 인간이 사는 어느 시대이든 같은 것이다. 이 책에 있는 '현인도 세력을 쥐고 있을 때만 현인이다'라는 이야기를 보라. 한의 무제를 섬기며 구경의 지위까지 오른 급암과 정당시라는 사람이 있었다고 한다. 둘 다 의리가 있는 사람으로 찾아오는 손님을 극진히 대접했다. 그뿐만 아니라 높은 지위에 있어도 상대에게 겸손했다. 그러나 이들이 관직에서 물러난 뒤에는, 집안이 가난하였으므로 찾아오는 손님이 하루하루 줄어들어 나중에는 아무도 찾는 이가 없었다고 한다.

이 두 사람의 전기를 사마천은 이렇게 말했다.

"대저 급과 정처럼 현인이라도 세력이 없어지면 모두 떠나 버린다. 하물며 보통 사람에서야 말할 것도 없다."

강자를 이기기 위한 절대적 처세와 지혜

"사람은 이익에 따라 움직인다"고 한비자는 말했다. 따라서 세상의 인심이란 그 사람이 높은 관직에 있을 때는 방문객이 문 앞에 넘쳐 부산하기 그지없다. 그런데 그가 관직을 떠나면 방문객은 뚝 끊어져 문 앞에는 참새 떼가 놀고, 문전에 새 잡는 그물이 쳐질 정도였다는 고사는 지금 우리에게도 적용되는 현실적인 명언이다.

『적을 이기는 최강의 지략과 모략』에서는 이처럼 도덕 교과서에서만 보여 주는 세상이 아닌 인간 본성이 파도치는 생생한 역사를 그대로 볼 수 있으며, 시공간을 뛰어넘은 인생살이에 얽힌 날실과 씨실의 인간관계를 파악하여 인간 심리를 이해하고 처세를 어떻게 하면 좋은지에 대한 지혜가 담겨 있다. 또 고사는 역사 인물뿐만 아니라 그 시대의 삶의 방식과 사회 구조를 배경으로 하고 있어 누구나 재미있게 읽는 동안 중국인의 삶과 중국 문화에 대한 이해력도 높아지게 된다.

2,500년을 넘나들며 살아 숨 쉬는 지혜

이 책의 근간을 이루는 지략은 원래 약자를 위한 것이다. 강자가 힘으로 약자를 제압하려 할 때 약자는 정공법으로 강자와 맞설 수 없다. 너무 무모한 짓이기 때문이다. 따라서 지혜나 지략은 강자의 행동 원리가 아니고 약자의 생존 전략이다.

오늘날과 같은 무한 경쟁 시대에서 승부를 결정하는 지략은 정보화 시대가 발달하면 할수록 더욱 주목을 받고 발전해 갈 것이다. 왜냐하면, 지략이야말로 가장 적은 비용으로 약자가 강자를 이길 수 있는 최고의 방법이기 때문이다.

2,500년을 넘나드는 고전의 힘은 지금도 우리의 일상생활을 풍요롭게 하고 삶의 지식을 살찌울 뿐만 아니라, 인간관계를 통한 유연한 인생을 위해 슬기와 위기를 탈출하는 실질적인 방법을 알려 준다. 이를 통해 독자 여러분은 중국의 광활한 영토에서 여러 계층에 있는 인간 군상들이 벌였던 삶을 통해 인간과 세상을 이해하는 또 하나의 비상구를 발견함으로써 호연지기를 기를 수 있을 것이다.

차례

머리말
목숨 걸고 체험한 지식의 지혜 | 002 |

1장
경쟁자를 이기는 최강의 지략

내 의견이라도 남의 말인 것처럼 하라 | 013 |

먼저 믿음을 주어라 | 017 |

상대의 시기심을 이용한다 | 020 |

명분을 세우고 당당하게 중상한다 | 023 |

역효과의 전법을 쓴다 | 026 |

2장

역습을 노리는 술책

그럴듯한 논리로 역습한다 | 039 |

바른말이 자신의 무덤을 파기도 한다 | 043 |

자신의 비밀을 아는 자는 위험하다 | 045 |

직선보다 곡선이 더 빠를 때가 있다 | 053 |

책략의 요체를 파악하라 | 057 |

자신과 상대의 뿌리를 생각하라 | 065 |

3장

심리파악의 기술

미인계의 허점을 이용한다 | 075 |

적의 심리를 파악한다 | 082 |

자신을 낮추고 은혜를 베푼다 | 088 |

상대를 격동시켜 정의를 불태운다 | 092 |

비상 상황에서는 비상 수단을 | 095 |

진심은 통하는 법이다 | 097 |

상대를 압도하는 방법을 터득하라 | 105 |

4장

적도 움직이는 용인술

민심을 얻어 이익을 얻는다 | 115 |

상대방의 마음을 감동시킨다 | 122 |

대세를 유리하게 조성한다 | 128 |

시기 선택의 중요함을 인지하라 | 131 |

함정에 걸려들게 한다 | 137 |

자신을 믿고 행동한다 | 145 |

다른 생각의 여지를 주지 말라 | 149 |

유능한 부하를 곁에 두어라 | 156 |

5장

미래를 예견하는 힘

헌신보다 간신이 필요할 때가 있다 | 165 |

모든 일은 멀리 내다본다 | 168 |

이상한 징조에 포착하고 대비하라 | 174 |

경쟁자를 물리치는 계략을 세우라 | 179 |

후환이 될 만한 것은 미리 제거한다 | 183 |

도움이 되는 것과 해가 되는 것을 구별한다 | 187 |

오해받을 일을 하지 말라 | 191 |

1장

경쟁자를 이기는
최강의 지략

사람이 모여 사는 곳에는 중상과 모략의 병균이 있게 마련이다.
이 병균에 한 번 다치면 비록 건강한 사람이라도 상처를 입고 만다.
역설적인 말이지만, 어쩌면 이 병균은
우리 인간 사회의 필요악인지도 모른다.
미리 한 번쯤 그 실상을 알아두고 면역성을 길러 두는 것이 필요하다.

내 의견이라도
남의 말인 것처럼 하라

'공명'이란 외부로부터 음파의 자극을 받고 그 진폭이 증대되어 울리는 현상이다. 이 효과를 이용하면, 약한 힘이라도 되풀이 거듭함으로써 더욱 큰 힘을 얻을 수 있다.

중상中傷을 더욱 강력한 것으로 만들기 위해서 이 '공명 작용'을 일으킨다. 중상은 그것에 의하여 확대되는 동시에 진실성을 띠게 된다. 그 단적인 것이 이른바 '소문'이다.

소문의 증폭 작용에 관해서 효자로 이름난 증삼曾參에 대한 일화가 《사기史記》에 나온다. 증삼은 증자曾子라는 존칭을 얻어 공자의 제자로서 《효경孝經》이라는 책을 저술한 사람으로도 유명하다.

어느 날, 이 증삼과 동성동명의 사나이가 사람을 죽였다. 이를 전해 들은 이웃 사람이 증삼의 어머니에게로 달려가서 일러주었다.

"댁의 아드님이 사람을 죽였대요."

그러나 어머니는 조금도 동요하지 않고, 베를 짜던 손을 멈추지도 않은 채 말했다.

"내 아들은 그런 일을 저지를 리가 없소."

한참 후에 다시 다른 사람이 찾아가서 또 말했다.

"아드님이 사람을 죽였답니다."

어머니는 역시 믿으려 하지 않고 계속 베를 짰다. 얼마 후에 이번에는 세 번째 사람이 달려갔다.

"아드님이 사람을 죽였어요."

그때는 어머니도 깜짝 놀라며 베틀에서 내리더니 담을 넘어 그대로 도망을 쳤다. 《사기》에서는 이 대목에 대해 '실로 증삼의 현명함과 그 어머니의 믿음을 가지고도 세 사람이 의혹을 품게 하면 그 어머니도 두려워한다'고 적고 있다.

그 마력의 열쇠는 바로 '반복'이다. 한 가지 일을 거듭하여 계속 들으면 곧 그것을 진실로 생각하기 마련이다. 이것은 현대 심리학에서도 그 근거가 있는 것이다.

　앞에서 언급한 이야기는 불특정 다수의 사람에 의하여 공명 작용을 일으키는 방법이었다. 이번에는 그와는 달리 특정의 사람들에 의하여 공명 작용을 일으키게 하는 기법에 대해 말하겠다.

　사람을 중상할 경우, 자기 혼자만이 자기의 의견을 말해서는 좀처럼 신뢰를 얻기 어렵다. 그래서 자기의 의견으로서가 아니고 '누구누구가 이렇게 말하더라'는 식으로 중상하는 수법이 자주 쓰인다.

　강윤과 소해휼은 둘 다 초왕을 섬기는 중신이었으나, 서로의 사이는 견원지간과도 같은 정적 사이였다. 특히 강윤은 사사건건 소해휼을 비난하고 그를 규탄하였다.

　'전국책戰國策'에 강윤의 정적에 대한 끈질긴 공격 자료가 기록으로 남아 있는데, 특히 시선을 끄는 것은 그가 소해휼을 반대하는 파벌을 만든 경위이다.

　그는 산양군山陽君이라고 하는 인물을 자기편으로 끌어들이려고 마음먹었다. 이 산양군은 소해휼과는 늘 반목하고 있는 사이였다.

　강윤은 소해휼이 반대하리라는 것을 예상하고 산양군의 승진을 왕에게 진언했다.

현명한 왕 같으면 그 내막을 알고 무마책을 썼겠지만, 어리석은 왕은 그것을 알지 못하고, "뭐, 좋도록 하오"라고 말했다.

그러자 예상대로 소해휼이 반대를 했다.

"별다른 공로도 없는 산양군을 그렇게 중요한 자리에 앉혀서는 안 됩니다."

이 말을 들은 산양군은 자기를 천거해 준 강윤에게 감사하고, 그것을 반대한 소해휼을 원망하게 된 것은 두말할 나위도 없다.

그 후 산양군은 강윤과 서로 결탁하여 소해휼에게 중상의 화살을 쏘아대기 시작했다. 모든 일은 강윤의 계책대로 되어 갔다. 결국, 소해휼은 안팎으로부터 미움을 받아 재상 자리에서 물러나게 되고 말았다.

먼저 믿음을 주어라

남과의 대화에서 상대가 첫말부터 거짓말을 하면 다음 말도 모두 거짓으로 생각하게 된다. 이것이 인간의 심리이다. 따라서 이것을 거꾸로 이용한 '초두 효과初頭效果'를 노려야 한다.

즉, 처음에는 정직한 말을 해서 인정을 받아 놓은 다음에 거짓 정보를 제공하는 것이다. 이 허虛와 실實을 잘 구사하면 상대는 거짓말도 진실로 생각하게 된다.

진秦나라의 재상 감무甘茂는 최근에 와서 공손연公孫衍이 왕과 자주 만난다는 것을 알았다. 재상인 자기를 빼놓고 왕이 공손연을 지나치게 총애하는 것 같아 심히 못마땅했다.

그는 가만히 있어서는 안 되겠다고 생각하고 한창 궁리를 하는 참인데, 마침 깜짝 놀랄 만한 정보가 들어왔다. 왕이 자기를 재상 자리에서 밀어내고 공손연을 기용한다는 것이었다.

왕이 공손연에게 "당신을 곧 재상으로 임명할 것이오"라고 말한 것을 감무의 심복 부하가 도청한 것이니까 틀림없는 정보였다.

감무는 지체하지 않고 왕에게 축하의 말을 올렸다.

"대왕께서 새로운 재상을 얻었다고 하니 감축합니다."

왕은 속으로 움찔했다. '아니, 어떻게 그런 비밀을 알았다는 말인가.'

그러나 왕은 시치미를 떼고,

"그게 무슨 말이오? 나는 이 나라를 경에게 맡기고 있지 않소, 그런데 다른 재상이 왜 필요하단 말이오?" 하고 말했다.

감무는 능청스럽게 말했다.

"하오나 대왕께서 공손연 장군을 재상으로 임명하신다고 들었습니다."

왕은 생각했다. 그 사실을 아는 사람은 자신을 빼놓고는 공손연밖에 없지 않은가. 왕이 다시 물었다.

"경은 그것을 누구에게 들었소?"

감무는 그 말이 떨어지기를 기다리고 있었다. 여기서는 단 한 마디의 말이면 족한 것이다.

"네, 공손연 장군이 말해 주었습니다만…."

왕이 비밀을 누설한 공손연에게 노여움을 품게 된 것은 말할 것도 없다. 이미 어떤 변명도 통할 수가 없었다. 공손연은 즉각 추방되고 말았다. 첫 마디에서 사실을 들었으니, 다음은 거짓말을 꾸며대도 사실로 믿어 버린 것이다.

상대의 시기심을
이용한다

저리자는 진왕秦王의 이복동생으로, 장군이 되었다가 다시 재상이 되어 진나라의 시황제가 천하를 통일하기 50년 전에 죽었지만, 당시의 소문으로 '힘이라면 임비任鄙, 지혜라면 저리자樗里子'라고 불릴 정도의 인물이었다.

장의張儀는 원래 위魏나라 출신으로, 여러 나라를 유세하다가 진왕의 신임을 얻어 재상이 되었는데, 왕의 동생이자 지혜가 있는 저리자를 항상 경계했다. 그렇다고 함부로 그에게 도전했다가는 오히려 자기가 위태로워질까 봐 그럴 수도 없었다.

그래서 장의는 우선 저리자를 초나라에 특사로 파견했다. 당시 진·초 양국은 서로 국경을 맞대고 있어서, 자주 싸우기도 하고 혹은 동맹도 하는 등 변전을 거듭하고 있었다.

그 무렵 장의의 책략으로 초나라의 두 성을 진나라가 빼앗은 사건이 있어서 양국 간의 관계가 험악했다. 그래서 저리자는 그것을 타개하기 위하여 파견된 것이었다.

저리자가 진왕의 특사로서 초나라에 도착했을 때 초왕의 특사도 진나라를 방문하고 있었다. 초왕의 특사가 진왕에게 말했다.

"우리 초왕께서는 저리자 대감의 인품에 감탄하셔서, 초나라의 재상으로 취임해 줄 것을 원하고 계십니다. 굽어 허락해 주시기를 바랍니다."

그 당시는 인물의 교환이 자유롭게 행해지고 있을 때였다. 그래서 한 인물이 몇 나라의 재상을 겸하고 있는 예도 있었다. 따라서 진왕에 대한 초왕의 이러한 요청은 하등 이상할 것이 없었으나, 그것은 장의가 꾸민 계책이었다.

즉, 장의는 저리자를 초나라로 파견하는 한편, 비밀리에 초왕에게 공작하여 저리자를 달라는 요청을 하도록 한 것이었다.

장의는 초나라 특사의 말이 떨어지자 진왕에게 은근히 속삭였다. 장의가 노리고 있던 중상의 기회가 온 것이다.

"저리자는 사자로서 초나라에 파견되었으면서도 그 임무는 제쳐놓고 초왕에게 재상 자리를 달라고 간청했다는 소문이 있습니다. 초왕이 그를 달라고 하는 것이 그 증거입니다. 방심했다가는 그가 우리나라를 초나라에 팔아넘길지도 모를 일입니다."

진왕은 대로하여 펄펄 뛰었다.

"저런 죽일 놈이 있나!"

이리하여 저리자는 감히 진나라로 돌아오지 못하고 부득이 초나라에 망명하고 말았다.

장의는 내심 진왕의 저리자에 대한 경계심을 계산에 넣고 있었다. 자신의 이복동생인 저리자가 국내외에서 평판이 좋으니, 진왕은 그렇지 않아도 불안을 느끼고 있던 참이었다.

전국 시대의 일인즉 언제 자신의 왕위가 달아날지 모르는 일이었다. 이와 같은 불안은 항상 권력자에게 있기 마련이다.

명분을 세우고
당당하게 중상한다

초나라의 강윤ㅍㅋ이라는 자는 음모에 능한 사람이었다. 그는 동료 중신이나 장군들을 모략 중상하기 이전에 왕에게 미리 이런 얘기를 했다.

"만약 누가 남의 일을 좋게 말하는 사람이 있다면, 대왕께서는 어떻게 하시겠습니까?"

"남을 칭찬하는 사람은 군자이니, 물론 가까이할 것이오."

"그럼 남의 일을 나쁘게 말하는 인물이 있다면, 대왕께서는 어떻게 하시겠습니까?"

"남의 험구를 하는 자는 소인이니, 물론 멀리할 것이오."

그러면 이때부터 강윤은 자기의 독특한 논리를 전개한다.

"그렇다고 한다면, 가령 대왕에 대해서 역모를 꾸미고 있는 신하가 있다 하더라도 대왕께서는 알지 못하게 될 것입니다. 왜냐하면, 대왕께서는 남의 일을 나쁘게 얘기하는 인물을 피하신다고 하니, 그렇다면 역신의 모의를 들은 자가 있어도, 아무도 그것을 대왕에게 아뢰려고 하지 않을 것입니다."

"음, 듣고 보니 과연 그렇군, 과인도 이후로는 남의 험구를 하는 사람의 말도 듣기로 하겠소."

강윤은 그때부터 좌우의 동료나 평소에 밉게 보던 사람들을 마구 중상 모략하기 시작했다.

남의 험구를 들으면 그것이 사실이라 해도 유쾌한 일은 아니다. 듣는 쪽에서는 중상 험담을 하는 자를 경원하게 되는 경우가 많다. 따라서 중상을 하는 사람은 교묘하게 해야 한다. 강윤은 대의명분을 먼저 세워놓고 당당하게 중상하는 방법을 썼다.

비난이나 험담을 하지 않고 상대를 중상하는 것이 상책이다. 이 방법을 쓰면 중상을 당한 사람으로부터 원망을 사지 않아도 될 뿐만 아니라 거꾸로 감사하다는 말까지 듣게 된다.

어떤 신하가 왕자 중의 한 사람과 사이가 나빠졌다. 이 왕자는 생모가 천민 출신이어서 지위도 낮고 수레를 끄는 말도 여위어 있었다. 신하가 왕에게 청원했다.

"그 왕자님은 가난하고 말도 여위어 있습니다. 말 양식이라도 좀 늘려주소서."

물론 왕은 허락하지 않았다.

신하는 밤이 되자 마구간에다 불을 질렀다. 왕은 이를 그 왕자의 소행이라고 단정하고 그를 엄하게 벌했다. 그 신하는 상대의 험담을 하기는커녕 오히려 그 대우의 개선을 진정했다. 그러고는 그를 궁지에 빠뜨린 것이다.

이 경우에는 두 가지의 위험이 있다. 한 가지는 미워하고 있는 상대를 위하여 유리한 말을 한다는 것이 부자연스러운 인상을 주게 되면 이 술책은 실패하고 만다는 점이다. 또 한 가지는 방화이다. 이것은 발각되기 쉽다는 점이다.

역효과의 전법을 쓴다

기원전 156년, 한漢나라 경제景帝 때의 일이다. 황후가 아들이 없어서 황후의 지위에서 폐위케 되었다. 황후의 후임을 둘러싸고 후궁들 사이에 화제가 끊이지 않았다.

그중에 맨 먼저 율희栗嬉가 아들을 낳았다. 순서에 따라 그 아이가 태자가 되었다. 따라서 생모인 율희가 승격하여 황후가 되어야 했다. 그러나 율희는 질투가 심한 여자로, 후궁들 사이에서도 평판이 나빴다. 그것은 왕도 잘 알고 있어서, 율희를 경원하고 있었다.

그런 내막도 눈치채지 못한 율희는 아들을 낳은 것을 기화로 점점 더 성미가 간악해졌다. 그때 마침 다른 후궁이 낳은 아들의 장래 문제에 대해 왕이 율희에게 묻자 그녀는 마구 화를 냈다.

왕은 매우 불쾌했으나 그렇다고 내쫓을 수도 없었다. 이러한 사정을 눈치챈 다른 후궁이 몰래 시종을 불러서 이렇게 말했다.

"황후 자리가 오래 비어 있는 것은 온당치 못합니다. 차제에 태자의 생모인 율희를 황후의 자리에 앉히도록 왕에게 진언해 주십시오."

그 후궁은 경쟁자인 율희를 험담하기는커녕 그녀의 승격을 권한 것이었다. 시종은 그 후궁의 말에 솔깃했다. 시종은 황후의 친거자로서 자기도 공을 세워 보겠다는 속셈도 함께 작용하여 왕에게 곧 율희의 황후 책봉을 진언했다.

"태자의 생모를 다른 후궁과 동격으로 두는 것은 아무래도 부자연스럽습니다. 황후로 승격시킴이 좋을 줄로 압니다."

그 말을 듣자 왕은 버럭 화를 냈다.

"그대가 관여할 일이 아닐세."

싫어하기는 하지만 내쫓지는 못하고 있던 여자를 승격시키라는 바람에 노여움이 폭발한 왕은 당장 그 시종을 하옥시키고 율희가 낳은 태자를 폐하고 말았다. 율희는 왕 앞에 감히 나가지도 못하고 있다가 고민 끝에 죽고 말았다.

한참 후에 그 후궁이 승격하여 황후가 되고, 그녀가 낳은 아들이 저 유명한 무제武帝가 되었다. 그녀는 율희를 황후로 승격하도록 진언하면 왕의 노여움이 폭발하리라는 것을 미리 계산에 넣고 '역효과의 전법'을 썼다. 이 경우 만약 그녀가 율희의 험담을 했다면 사태는 달라졌을지도 모를 일이다.

중상에 대한 최고의 방비는 '무방비의 방비책', 곧 무책無策이 최고의 방법인 경우도 있다. 이에 대한 실례를 든다면, 극히 개성적인 인물로서 한나라의 대신이었던 직불의直不疑라는 사람이 있었다. 그가 승진하자 그를 시기하여 중상을 한 사람이 있었다.

"저 사람은 자기 형수와 밀회하고 있다는 소문이 있습니다."

이 말은 나중에 진짜 소문으로 번져 당사자인 직불의의 귀에도 들어갔다.

실은 직불의에게는 형이 없었다. 있지도 않은 형수와의 밀회라니, 터무니없는 중상모략이었다. 이런 때 증거를 들어 부인하기는 쉬운 일이다. 그러나 그는 다만 한 마디만 중얼거렸을 뿐이었다.

"나는 형님이 없는데⋯."

소문이라는 것은 부정하면 할수록 번져 가는 법이다. 그는 중상을 묵살함으로써 그것을 효과적으로 억제할 수 있었다.

사실 묵살이라는 것은 그에게 맞지 않을지도 모른다. '묵살'은 상대를 강하게 의식하면서도 무리하게 이것을 무시하는 것이다. 그러나 직불의에게는 그러한 의식조차 없었다.

또 한 가지, 그가 근시로서 문제文帝를 받들고 있을 때의 일이다. 같은 숙사의 한 동료가 고향으로 휴가를 갈 때 잘못하여 다른 동료의 금덩어리를 가지고 갔다.

그 금의 주인은 직불의가 그것을 훔쳐간 것으로 의심했다. 직불의는 자기가 한 짓이 아닌데도 사죄를 하고, 금을 사서 변상까지 했다. 그 후 얼마 있지 않아서 고향으로 휴가를 갔던 동료가 돌아와서 금을 돌려주었다. 직불의를 의심했던 동료는 자기의 경솔을 깊이 뉘우쳤다. 그 후 직불의의 명성은 천하에 알려졌다.

무방비의 방비, 무책無策의 대책-어쩌면 이처럼 효과적인 대응책도 없을 것이다. 직불의는 부침이 심한 경쟁 사회를 한결같이 이러한 태도로 살아서 어사대부라는, 관리로서는 최고의 직위까지 올랐다.

위에서 든 직불의의 태도는 현실과 다소 동떨어진 것이고, 대개는 역시 중상을 예상하고 사전에 그 대응책을 강구하게 된다.

'식양息壤의 맹세'라는 고사가 있다. 진秦나라의 재상 감무甘茂는 소진이나 장의 등과 같은 시대에 산 전국 시대의 사람이다. 그는 타인을 중상하는 데에도 능소능대했지만, 자기의 중상에 대해서도 대비를 철저히 한 사람이었다.

때는 중원 진출의 야망에 불타는 진왕이 한韓나라의 요충인 선양宜陽을 손에 넣으려 했을 때의 일이다. 왕은 이 임무를 감무에게 맡겼다.

감무는 위군魏軍과 동맹을 맺고 한나라를 칠 작전을 세웠으나, 그 당시의 상황은 각국의 세력 관계가 복잡할 뿐 아니라, 진나라 내부의 권력 집단과 각국과의 연결이 얽혀 있어서 언제 어떤 중상모략을 당할지 알 수 없는 상태였다. 그래서 감무는 출전 직전에 식양息壤이라는 곳에서 왕을 만나 신임을 재확인했다.

"이번 일은 절대 쉽지 않습니다. 아마도 유력한 중신들로부터 중도에 작전을 중지하라는 말이 나올지도 모르며, 필경은 저에 대한 중상모략도 있을 것입니다. 저는 대왕의 신하입니다. 그 경우에 대왕의 신뢰가 흔들리지 않을까 두렵습니다."

그 말을 들은 왕은 굳게 약속을 했다.

"나는 그대를 믿으니, 타인의 중상 따위는 듣지 않을 것이오."

이것이 이른바 '식양의 맹세'이다.

과연 5개월 후 적의 성이 함락 직전에 놓였을 때인데, 다른 중신이 왕에게 횡설橫設을 하자 왕은 감무에게 작전을 중지할 것을 종용했다. 그러자 감무가 말했다.

"대왕께서는 '식양의 맹세'를 잊으셨습니까?"

왕은 깜박 생각을 돌이키고 공격을 속행시켰다. 그리하여 얼마 후에 선양을 함락시킬 수 있었다.

난세에는 예측하지 못할 중상이나 엉뚱한 비방에 대해서 사전에 손을 써두는 용의주도한 대비가 필요하다. 평소 요소요소에 자기편을 만들어 두었다가 불리한 상황이 발생했을 때 대처하는 유비무환의 자세가 필요한 것이다.

모략이나 중상을 당했을 때 단순히 수동적으로 이에 대처하는 것이 아니라, 한 걸음 더 나아가서 이를 역이용하는 모사謀士가 있었다. 전국 시대 중기에 여러 나라를 유세하던 책사 진진陣軫이라는 자가 바로 그 사람인데, 그는 당대의 유명한 책사인 장의와는 항상 경쟁 관계였다.

한번은 진왕秦王에게 장의가 진진에 대해서 이렇게 중상을 했다.

"진진은 초나라와 내통하고 있습니다. 그런 자를 어찌 그대로 두고 볼 수가 있습니까."

"뭐라고? 무슨 증거라도 있소?"

왕이 깜짝 놀라 물었다.

"그는 초나라로 망명하려 하고 있습니다. 그것이 무엇보다도 큰 증거입니다. 조사해 보시면 알겠지만, 만약 초나라로 망명할 기미가 보이면 즉시 처형토록 하소서."

왕은 즉시 진진을 불러 힐문했다.

"그대는 어디 가고 싶은 곳이 따로 있지 않은가, 숨기지 말고 말해보라!"

물론 진진은 장의의 중상모략임을 짐작하고 있었다. 바로 이 점이 재미있는 승부의 갈림길이다.

"예, 저는 초나라로 가고 싶습니다."

진진의 대답에 왕은 한편 노하고, 한편 당황해서 물었다.

"아니, 뭐라고? 역시 장의가 한 말이 옳았구나, 그대가 초나라에서 평판이 좋은 것은 우리나라의 내정을 초나라에 팔았기 때문이구나."

그러자 진진이 태연스럽게 말했다.

"초왕이 저를 좋게 말하는 것은 사실입니다. 그러나 그것은 제가 우리 진나라에 충실하기 때문입니다. 자기가 속해 있는 나라

의 비밀을 팔아먹는 인간을 누가 좋아하겠습니까. 대왕께서는
이런 이야기를 알고 계십니까?"

- 어떤 사내가 나이 많은 여자를 유혹하자 그녀는 사정없이 거
  절했습니다. 그래서 이번에는 젊은 여자를 유혹했더니, 그
  여자는 쉽게 응하겠다고 했습니다. 그 후 얼마 지나지 않아
  서 그 두 여자의 남편이 모두 죽었습니다.
  그러자 그 사내의 친구가 물었습니다.
  "어때, 두 여자 중에 어느 쪽을 아내로 얻으려는가?"
  "그야 물론 나이가 많은 여자를 택하지" 하고 그 사내는 대답
  했습니다
  "그게 무슨 말인가. 나이 많은 여자는 자네를 거절했고, 응해
  준 것은 젊은 여자가 아니던가?" 하고 친구가 이상하게 여기
  자, "그러니까 아내로 삼으려면 나를 거절한 여자를 택해야
  지, 남의 남자에게 쉽게 넘어가는 그런 여자를 아내로 삼을
  수야 없지 않은가." -

"만약 제가 진나라의 비밀을 파는 그런 사람이라면 과연 초왕
이 저를 받아주겠습니까?"

이 말에 진왕은 깨닫는 바가 있어서, 그 후부터 진진을 믿게 되었다.

중상은 고발보다도 쉽다. 고발할 때에는 증인과 증거가 필요하지만, 중상할 때에는 그런 것이 필요 없다. 중상은 어디에서나 사람이 모이는 곳이면 언제나 할 수 있지만, 고발은 일정한 공공기관에 해야 한다.

고발은 국가를 이롭게 하지만 중상은 국가에 해독을 준다. 고발이 없거나 고발을 받아들이는 체제가 제대로 정비되어 있지 않으면 중상이 판을 치게 된다. 따라서 나라를 다스리는 자는 시민이 가볍게 고발권을 행사할 수 있게 해 줘야 한다. 그런 다음에 중상하는 자는 엄벌해야 한다.

로마의 프리우스 카밀루스는 갈리아인의 지배로부터 로마를 구한 공로로 로마인은 그에게 명예와 높은 지위를 주었다. 그런데 그 무렵 '갈리아인에게 주기 위해 모금한 돈을 카밀루스가 횡령했다'라는 소문이 퍼졌다.

집정관은 소문을 추적하여 만리우스 카피톨리누스를 소환, 조사한 결과 사실무근임이 밝혀졌다. 로마는 이 사건 이후 '중상하는 자는 처벌한다'는 법을 제정했다.

비난이나 험담을 하지 않고 상대를 중상하는 것이 상책이다.

이 방법을 쓰면 중상을 당한 사람으로부터 원망을 사지 않아도 될 뿐만

아니라 거꾸로 감사하다는 말까지 듣게 된다.

2장

역습을 노리는 술책

손자는 이렇게 말하고 있다.

"능히 할 수 있으면서도 이를 능히 못하는 것처럼 보이게 하고,
사용에 능하면서도 그 용도가 아닌 것처럼 보이게 하고, 가까우면서도
이를 먼 것처럼 보이게 하며, 멀면서도 이를 가까운 듯이 보이게 한다."
- 이것이 바로 역습의 전(前) 단계이며 그 전제 조건이다.
언행의 불일치, 표정과 내심의 불일치 등 불일치의 원칙에 입각해서
적의 판단을 흐리게 하고 시종 적의 이면을 캐며 그 뒤통수를 치는 것이
이 수법의 요체이다.

그럴듯한
논리로 역습한다

　공응空雄에서 회합을 하고 진秦·조趙 양국이 서로 다음과 같이 약속했다.

　'이후 진나라가 하고자 하는 일은 조나라도 돕고, 또 조나라가 하고자 하는 일은 진나라도 돕는다.'

　그리고 얼마 후에 진나라가 군사를 휘몰아 위魏나라를 공격하니, 조나라는 위나라를 구하기 위해 군사를 보냈다. 진왕은 노하여 사람을 시켜 조왕을 힐책했다.

　"양국이 약속하기를 진나라가 하고자 하는 일은 조나라도 돕는다고 하지 않았소? 이제 진나라가 위나라를 치려는데 조나라가 위나라를 구한다는 것은 약속에 어긋나는 일이 아니오?"

궁지에 몰린 조왕이 평원군 승勝을 불러 상의하자, 평원군은 다시 책사인 공손용公孫龍과 상의했다.

공손용이 말했다.

"그게 무엇이 어려운 일입니까. 이쪽에서도 사람을 보내어 이렇게 진왕을 힐책하라고 하십시오. '조나라가 위나라를 구하고자 하는데 진왕은 어찌하여 위나라를 구하려고 하지 않고 오히려 이를 공격하니 약속과 틀리지 않는가?'라고요."

대개 동맹이나 협정이라는 것은 양면적인 경우가 많다. 상대의 비난이나 공격에 오히려 이쪽에서 '그쪽이야말로 조약 위반이 아닌가'하고 되받는다. 역습의 한 방법이라고 할 수 있다.

약육강식의 전국 시대 때, 송·위·채 세 나라의 연합군은 대戴나라를 향해 쳐들어갔다. 이에 정나라 장공莊公은 대나라를 구하기 위한 구원병을 거느리고 대나라로 갔다.

대나라 임금은 크게 기뻐하며 성문을 열고 정나라 군사들을 맞아들였다. 대나라의 열렬한 환영을 받고 성안으로 들어가자, 장공은 지금까지의 태도를 일변하고 대나라 임금에게 호통을 쳤다.

"어리석은 임금아! 목숨이 아깝거든 속히 성 밖으로 도망하여라. 조금이라도 지체하면 이 칼이 용서치 않으리라."

대나라 임금은 길이 탄식하고, 궁중 권속들과 함께 성에서 나와 멀리 진나라로 달아났다. 이리하여 백세_{百世}를 전해 내려온 대나라 성지_{城池}는 하루아침에 정나라의 손아귀에 넘어가고 말았다.

정나라의 무공_{武公}이 이웃 나라인 호_胡나라를 치기 위해 계책을 꾸몄다. 그는 우선 왕녀를 호군_{胡君}에게 시집 보내어 우호 관계를 맺고 안심시켜 놓았다.

그 후 무공은 군신들을 불러 모으고 상의했다.

"나라의 재정이 궁핍하니 어느 나라를 치면 좋겠소?"

이에 대부_{大夫} 관기사_{關基思}가 출반하여 의견을 말했다.

"호나라를 치는 것이 좋을까 합니다."

그러자 무공은 대로하여 호통을 쳤다.

"호나라와 우리나라와는 피를 나눈 형제의 나라이거늘, 네놈이 감히 형제의 나라를 치라고 하다니 천하에 죽일 놈이로다"라고 크게 꾸짖고는 그 자리에서 끌어내어 관기사의 목을 베어 버렸다.

호군은 이 이야기를 전해 듣고 정나라는 자기 나라를 진심으로 우방으로 생각한다고 믿었다. 그리하여 정나라에 대한 방비를 아예 폐지하였다. 이야말로 무공이 노리던바 덫이었다.

이윽고 기회만 노리고 있던 정나라의 대군은 호나라를 습격하여 이를 정복하였음은 말할 나위도 없는 일이다.

여기서 우리의 시선을 끄는 것은 관기사의 죽음이다. 그는 무공이 왕녀를 호군에게 시집 보내는 음모를 익히 간파하고 섣불리 뛰어들었다가 무공이 꾸민 2단계 조치의 제물이 되고 말았다.

사태를 통찰한다는 것도 중요하다. 하지만 때와 장소에 따라서는 오히려 스스로 자신을 망치게 되는 수도 있다. 통찰력이나 선견지명만으로는 반드시 충분하다고 할 수 없다.

바른말이 자신의
무덤을 파기도 한다

'여씨춘추呂氏春秋'에 이런 이야기가 있다. 송나라의 강왕康王이
어느 날 재상인 당앙에게 물었다.

"내가 수많은 사람을 죽였는데도 신하들은 조금도 나를 어
려워하거나 두려워하지 않는다. 그 이유가 무엇이라고 생각하
는가?"

당앙이 대답했다.

"대왕께서 벌을 준 사람은 모두 옳지 못한 사람들이었습니다.
옳지 않은 자를 벌 주는데 어찌 선한 사람이 두려워하겠습니까.
선과 악의 차별을 두지 않고 닥치는 대로 마구 벌을 주면 모든

신하가 대왕을 두려워하게 될 것입니다."

그 후 얼마 되지 않아서 강왕은 신하들이 자신을 두려워하게 하려고 그 본보기로 당앙을 죽여버렸다. 당앙은 선한 인간이었기 때문에 강왕의 '과시'를 위한 제물이 되고 말았다. 그의 옳은 말이 스스로 무덤을 판 것이다.

자신의 비밀을
아는 자는 위험하다

한漢나라의 여태후呂太后는 효혜 황제의 황후 장씨張氏에게 아들이 없자, 다른 후궁에게서 난 아들을 효혜가 죽은 후에 황제에 즉위케 하여 소제少帝 공恭이라 부르게 했다.

그러나 소제 공은 여태후가 자신을 황후 장씨의 아들처럼 위장하기 위해 자기의 생모를 죽인 비밀을 알게 되자, 여태후를 죽이려고 획책했다. 그러나 이를 눈치챈 여태후는 도리어 소제 공을 죽이고 말았다.

여태후는 그 후 역시 혜제의 또 다른 후궁의 아들인 홍弘을 제위에 앉혀놓고, 제왕의 실권은 여태후의 조카 여산呂産이 행세하도록 하여, 여태후는 전권 시대를 누리게 된다.

그 후 8년 만에 여태후도 병들어 죽게 되는데, 여태후의 이러한 계략과 술수는 한나라 2백 년의 기틀을 다지는 한 수단이 되기도 했다.

그런데 '사기史記'의 기록에는 이러한 살인극은 왕궁 내의 참극이었을 뿐, 오히려 백성은 오랜 전란에서 벗어나 태평성대를 누렸다고 적고 있으니, 역사의 심판은 두렵다고 아니할 수 없다.

옛날 진秦나라가 점차 세력을 떨쳐 갈 무렵, 북방의 융(戎)이 나라를 세워 왕을 잠칭하고 있었다. 이 융왕이 진나라와 교섭을 갖고자 유여由餘라는 사신을 진나라에 파견하였다. 이때 진나라의 왕은 목공穆公이었다.

목공이 사신 유여에게 물었다.

"도道라는 것을 들은 적은 있으나 본 적은 없소. 옛날의 명군名君이 나라를 얻거나 혹은 잃거나 하는 것은 어떤 도리에 연유하는 것인지 들려줄 수 있겠소?"

목공의 물음에 유여는 거침없이 대답했다.

"항시 검약함으로써 나라를 얻고, 사치 탓에 나라를 잃는 것으로 알고 있습니다."

목공은 상대의 지혜를 빌릴 수 있기를 기대했으나, 별 신통한 대답을 얻지 못하자 실망하고 말았다.

"나는 도에 대한 귀한 말을 듣고자 함이었는데, 기껏 검소함으로 답을 삼으니 어이 된 까닭이오?"

목공이 심히 미진하다는 듯이 반문하자 유여는 정색하고 말했다.

"옛날 요堯 임금은 흙으로 빚은 접시에 음식을 담아 먹고 흙으로 빚은 종지로 물을 마셨으나, 그 영토는 남쪽으로 교지交趾에 이르고 북쪽은 유도幽都에 이르렀으며, 동서는 일월이 나고 드는 곳까지 복종하지 않는 자가 없었습니다.

그런데 요 임금이 선양하여 순舜 임금이 뒤를 잇자, 산의 나무를 베어 반들반들하게 깎고 밀어 검은 옻칠을 해서 이것을 궁중의 식기로 삼으니, 제후들은 그것을 보고 사치하게 되었고, 복종하지 않는 나라가 열세 나라가 되었다고 합니다.

다음 순 임금이 선양하여 우禹에게 전하니, 우나라에서는 식기를 만들 때 바깥은 옻칠을 하고 안은 붉은색을 칠했습니다. 그러자 이 사치함을 보고 33개국이 복종하지 않게 되었다고 합니다.

하夏의 시대가 끝나고 은殷나라가 되자, 큰 수레를 만들되 아홉 개의 기旗를 세우고 식기에는 조각을 했으며 잔과 족자에는 문양을 새겼습니다. 이것을 보고 53개국이 복종을 거부하게 되었으니, 검약은 나라를 얻는 도^道라고 말씀드린 것입니다."

말을 마치고 유여가 조용히 자리를 뜨자, 목공은 급히 내사요를 불러들여 말했다.

"이웃 나라, 더구나 북변의 미개한 융에 이 같은 성인(聖人)이 있음은 우환이라 했소. 유여는 가히 성인이라, 이런 성인이 적국에 있으면 마음을 놓을 수가 없으니 이를 어찌하면 좋겠소?"

내사요가 목공의 물음에 대답했다.

"융왕이 있는 곳은 야만인이 사는 변지여서, 우리 중화中華의 음악을 들은 적이 없다고 합니다. 융왕에게 가희歌姬와 악기를 보내어 그 정치를 혼란케 하고, 한편 유여를 한동안 우리나라에 머무르도록 교섭하여 유여와 융왕의 사이를 갈라놓는 것입니다. 이리하여 저쪽 군신 간에 금이 생기면, 다음의 일은 어렵지 않을 것입니다."

목공은 그 말을 받아들였다.

그는 곧 내사요를 사신으로 파견하면서, 아름다운 가희 16명과 악기를 융왕에게 선물로 보내는 동시에, 유여의 체재를 연기하도록 청했다.

목공의 계략은 예상대로 되어 나갔다. 융왕은 유여를 까맣게

잊어버린 채 미희와 음악에 도취하여 한곳에 머물러 일 년 내내 풍악으로 세월을 보냈다.

그리하여 융족이 먹이던 말과 소는 절반이나 죽고 말았다. 융족, 곧 몽고족은 본시 기마 민족인지라, 한곳에 오래 머물면 소와 말을 먹일 수가 없었다.

유여는 그 무렵이 되어서야 귀국했다. 이런 상황을 유여는 융왕에게 간했으나 융왕은 듣지 않았다. 유여는 탄식하며 융왕 곁을 떠나 진나라로 다시 돌아가고 말았고, 목공은 기다렸다는 듯이 유여를 맞이하여 크게 중용했다.

마침내 진나라는 융족의 12개국을 승복시키고 천하의 땅을 거두었다. 즉, 상대를 타락시킴으로써 나라의 현신賢臣을 함께 거둔 것이다.

진晉나라의 지백智伯이 위魏나라의 선공宣公에게 땅이 필요하다며 달라고 했다. 선공이 주지 않자 재상 임증任增이 물었다.

"왜 땅을 주지 않았습니까?"

선공이 대답했다.

"지백이 이유도 없이 땅을 요구하기에 주지 않았소."

그러자 임증이 말했다.

"그렇다면 그에게 땅을 주십시오. 그는 이유 없이 땅을 탐하는 자이니, 조건 없이 땅을 주어 버리면 그의 욕망이 한없이 커져서 필경에는 그것 때문에 망하고 말 것입니다."

선공이 듣고 나자 무릎을 치며,

"참으로 좋은 말이오"라고 말하고 드디어 만호萬戶의 땅을 지백에게 주었다. 지백은 마음이 흐뭇하여, 이번에는 다시 조나라에 땅을 달라고 했다.

조나라가 거절하자 지백은 화가 나서 군사를 동원하여 조나라의 진양晉陽을 포위했다. 이때를 기다리고 있던 위나라의 선공은 조나라·한나라와 함께 지백을 쳐서 크게 이기니, 지백은 끝내 망하고 말았다.

"위축시키려 하거든 먼저 신장시켜 주라. 약하게 만들려 하거든 먼저 강하게 만들어 주라. 멸망시키려 하거든 먼저 성장시켜 주라. 뺏으려 하거든 먼저 주라. 이것은 자연의 미묘한 심리이다. 이것이야말로 약자가 강자를 이기는 최고의 방법이다."

노자老子의 말이다.

"군사가 강하면 곧 멸하고, 나무가 강하면 곧 부러지고, 가죽이 굳으면 곧 찢어지며, 치설齒舌이 드세면 곧 부러진다."

회남자淮南子의 말이다.

여동생과 은밀한 관계를 맺고 있던 제나라 양공襄公은 이를 눈치챈 여동생의 남편인 노나라 환공桓公을 죽이기 위해 잔치를 열고 그를 대접했다.

잔치가 끝날 무렵 양공은 공자 팽생彭生을 불러 은밀히 밀령을 내렸다.

"너는 잔치가 끝나거든 환공을 그의 처소에까지 전송하되, 도중에 그를 처치하여라."

공자 팽생은 환공을 수레에 태우고 가다 말고 주먹으로 환공의 옆구리를 쥐어질렀다. 팽생은 실로 무서운 장수였다. 그의 주먹은 쇳덩어리나 다름없었다. 주먹 한 번에 환공은 갈빗대가 으스러지고 오장이 터져 죽었다.

그러자 팽생은 수레를 모는 어자御者에게 말했다.

"속히 수레를 돌려라. 환공이 과도히 취하여 음식에 중독된 듯하다."

수행원들은 수레 속에서 일어난 일을 짐작했으나, 감히 입 밖으로 말하는 자는 없었다.

이 사실은 이윽고 노나라에 알려지고 노나라는 크게 분노했다. 그러나 약소국인 노나라는 감히 군사를 일으켜 제나라를 치지는 못하고 항의 사절을 보냈다.

그러자 양공은 공자 팽생을 불러들이고는 노나라 사절에게 들으라는 듯이 언성을 높여 팽생을 꾸짖었다.

"환공께서 과도히 취하셨기에 과인이 너에게 각별히 잘 모시라고 분부했거늘, 너는 어찌하여 환공을 갑자기 세상을 떠나시게 했느냐."

"그것은 군후께서…."

이어서 양공은 팽생이 더 뭐라고 말하기 전에 좌우를 돌아보며 추상 같은 명령을 내렸다.

"저놈을 냉큼 끌어내어 목을 베어라!"

이리하여 팽생은 제대로 입 한 번 놀려 보지 못하고 목이 달아나고 말았다.

직선보다 곡선이
더 빠를 때가 있다

마차를 잘 모는 마부가 초왕楚王을 모시고 싶었으나 다른 마부들이 그것을 시기하고 방해하자 그는, "나는 노루 잡는 솜씨가 장기입니다"라고 말하여 초왕을 모실 수 있게 되었다.

그런데 어느 날 왕이 수레를 몰아 노루를 쫓았으나 잡지 못하자, 그 마부가 대신 수레를 몰게 되었다.

"음, 그대의 말 모는 솜씨가 참으로 뛰어나군."

초왕이 그를 칭찬했을 때 그는 비로소 다른 마부들로부터 시기를 사고 있음을 호소하여 그 후부터 왕의 보호와 인정을 받게 되었다.

이 마부가 직선적으로 말했다면 아무리 재능이 있어도 왕의 측근에 있는 동료로부터 배척을 당했을 것이다. 그래서 곡선적인 연출로 그는 재능을 인정받게 되었다.

제 나라의 병략가 손빈이 전기田忌의 막료로 있을 때였다. 마침 전기는 제나라 왕과 왕자들과 함께 내기 경마를 하게 되었다.

손빈이 가만히 보니 마차에는 별로 차이가 없으나, 말의 등급에는 상급·중급·하급의 차이가 있음을 간파했다. 그는 은밀히 전기에게 진언했다.

"장군께서는 안심하고 돈을 거십시오. 제가 장군이 반드시 이기도록 해 드리겠습니다."

전기는 그 말을 믿고, 왕과 왕자들과 함께 천금千金을 걸었다. 마침내 경기가 시작되자, 손빈이 전기에게 말했다.

"장군의 하급 마차를 상대의 상급 마차와 한 조組를 만들고, 다음은 장군의 중급 마차를 상대의 하급 마차와 한 조를 만들게 하십시오. 그러면 한 번은 지겠지만 두 번은 틀림없이 이길 것입니다."

이렇게 해서 세 조組로 편성된 경마가 끝난 후에 보니, 과연 전기는 한 번은 졌으나 두 번은 이겨서 천금의 상금을 받게 되었다.

지금 세상의 경마 게임에서는 이런 정도의 이론쯤은 초보라도 알겠지만, 당시로써는 놀랄 만한 관찰력과 판단력이 아닐 수 없었다.

제나라 선왕宣王 2년, 기원전 341년의 일이다. 제나라는 전기田忌를 장군으로 삼고 손빈을 군사軍師로 삼아 위나라의 서울 대량大梁을 향하여 쳐들어갔다.

제나라 군사는 이미 위나라의 영토 안으로 깊숙이 들어가 있어서 위군은 자기 나라 안에서 제나라 군사를 추격하는 형세가 되었다.

이때 손빈이 전기에게 말했다.

"원래 한·조·위의 이른바 삼진三晉의 군대는 강하고 용감하여 우리 제나라 군을 경멸하고 있습니다. 우리는 이러한 형세를 역이용해야만 합니다. 즉, 오늘 야영지에 10만 개의 솥을 걸어 놓았다면 다음날은 5만 개로 줄이시고, 그다음날은 3만 개로 줄이십시오."

전기는 천천히 군사를 물리며 손빈의 계책대로 했다.

위나라 대장 방연龐涓은 제나라 군사들을 추격하면서, 첩자의 보고로 적군의 솥의 수가 10만 개에서 5만 개, 5만 개에서 3만

개로 줄어드는 것을 알고 크게 기뻐했다.

"나는 본시 제나라 놈들이 겁쟁이인 줄은 알고 있었으나, 불과 사흘 만에 사졸들이 반 이상이나 도망가다니 참으로 한심한 놈들이로구나."

교만해진 방연은 보병을 남겨놓고 정예 기병만을 이끌고 제군을 급히 추격했다가 적의 복병에게 참패를 당하고 말았다.

이것이 유명한 '병졸은 늘리고 밥솥을 줄인다'는 고사로서, 역사에 남는 손빈과 방연의 명승부이다. 이 승리로 손빈의 이름은 천하에 떨치게 되었다.

손빈은 군졸의 수를 판단하는 기준의 하나인 밥솥의 수를 줄임으로써 적의 판단을 혼란케 하는 데 성공했다.

책략의 요체를
파악하라

　기원전 208년 겨울, 조조는 군사 80여만 명, 전선戰船 3천여 척을 이끌고 양쯔강을 따라 내려왔다.

　손권과 유비의 동맹군은 10분의 1도 안 되는 군사로 양쯔강 남안南岸의 적벽에서 조조의 대군과 맞붙게 되었는데, 이것이 중국 역사상 유명한 '적벽대전赤璧大戰'이다.

　조조와 제갈량 그리고 주유의 세 군략가들이 온 힘을 다해 싸운 이 '적벽대전'은 중국 전쟁사에서도 음모전의 압권으로 남아 있다.

　우선 조조는 남방군의 주전파와 항복파가 논의를 계속하는 가

운데 동맹군 총수 주유의 동향인 장간蔣幹을 파견하여 항복을 종
용한다. 주유는 계획적으로 장간에게 가짜 기밀문서를 도둑맞는
다. 이에 속아 조조는 채모와 장윤이라는 두 수군의 주장을 참형
에 처함으로써 전력戰力을 크게 상실하게 된다.

나중에 이를 알게 된 조조는 그것을 설욕하기 위해 참형을 당
한 채모의 동생 채중과 채화로 하여금 남방군에게 거짓 투항을
하게 한다.

그러나 가족을 두고 투항해 온 이들을 처음부터 믿지 않았으
나, 주유는 짐짓 시치미를 떼고 그들을 크게 환영하면서 오히려
역이용하기 시작한다.

다음날 주유는 장군들을 모아놓고 군사 회의를 열었다. 먼저
주유가 자못 엄숙하게 군령을 내렸다.

"조조는 80만 대군으로 3백 리에 걸쳐 포진하고 있소, 졸연히
이들을 파하기 어려우니 제장諸將들은 3개월분의 식량을 준비하
고 만일의 사태에 대처하도록 하시오."

주유의 말이 끝나자 노장 황개黃蓋가 코웃음을 치며 말했다.

"3개월이라니 그 무슨 한가한 말입니까. 조조를 격파하는 데
그런 소극적인 전법으로는 어림도 없습니다. 만일 속전속결로
하지 않고 장군의 생각을 고집한다면, 나는 차라리 조조에게 항

복하고 말겠소."

"감히 삼군의 총수인 나를 능멸하다니 용서할 수 없다!"

주유는 크게 노하여 황개의 목을 베려 했으나 여러 장수의 간곡한 만류로 태형 50대를 쳐서 회의장에서 내쫓아 버렸다. 피투성이가 되어 막사로 돌아온 황개는 몇 번이나 정신을 잃었다. 이일은 곧 진중에 퍼졌다. 물론 조조의 첩자인 채중·채하의 귀에도 들어갔다.

황개는 그날 밤 부하 장수 감택에게 명하여 조조에게 거짓 항서降書를 쓰게 하고, 어부로 변장시켜 그것을 가지고 조조의 진중으로 잠입하게 했다.

그러나 술수에 정통한 조조는 그것을 고육지책苦肉之策으로 보고 믿으려 하지 않았다. 그러나 채중·채하에게 자세한 보고를 들은 조조는 마침내 그것을 믿게 되었다. 감택은 투항의 표시로 배에 청색기를 세우기로 약속을 정했다.

마침내 결전의 날이 왔다. 황개는 쾌속선 20척에 유황과 염초 등 인화물질을 가득 싣고 조조의 선단을 향해 살같이 나아갔다. 그 배에는 모두 청색기가 휘날리고 있었다.

이를 본 조조는 황개가 항복군을 이끌고 투항해 오는 줄 알고 크게 기뻐했다. 황개는 조조군에 가까이 이르자 20척 쾌속선에 일제히 불을 질러 조조의 선단에 맞부딪쳤다.

이리하여 조조의 선단은 불길에 휩싸였고, 대패한 조조군은 육지로 도망했으나 다시 복병을 만나 80여만 대군 중 겨우 몇천 명만 살아서 돌아가는 미증유의 참패를 당하고 말았다.

고육지책이란 어떤 목적을 달성하려고 일부러 자신의 육체를 괴롭히거나 혹은 자기희생을 보임으로써 적을 기만하고 신뢰를 얻어 역습을 꾀하는 계략이다.

물론 이러한 고육지책이 성공하려면 자기희생의 대소도 문제이지만, 그 연출의 기술도 아주 중요하다. 고육지책이 아닌 것처럼 분식粉飾하는 것이 이 계략의 요체이다.

촉한의 명장 조운趙雲이 계양성을 공격하자, 태수 조범은 항복하고 조운을 성 중으로 청했다. 조운은 단지 50여 기騎만 거느리고 성으로 들어갔다.

조운이 입성하자 조범은 그를 아문으로 청하여 술을 권했다. 술이 반감에 이르자 다시 후당으로 청하여 다시 술을 권하면서 조운과 의형제를 맺고자 했다. 조운이 기꺼이 이를 허락했다.

그러자 조범이 안에서 한 부인을 청하여 내어, 은근히 조운에게 술을 권하게 한다. 조운이 보니 그 부인이 몸에 소복을 입었는데 참으로 보기 드문 미인이었다. 조운이 물었다.

"이 부인이 누구신가?"

조범이 대답했다.

"저의 형수 번씨樊氏입니다."

조운은 곧 낯빛을 고쳐 태도를 공손히 했다. 번씨가 안으로 들어간 뒤에 조운이 나무랐다.

"현제賢弟는 어찌하여 형수 씨에게 그런 수고를 끼쳐 드리나. 내 몹시 불안스럽네그려."

조범이 빙그레 웃으며 대답하였다.

"다 그럴 만한 까닭이 있어서 그랬으니 형님은 사양하지 마십시오. 저의 선형이 세상을 떠나신 지 이미 3년이 되었는데, 형수께서 아직 젊은 몸으로 수절하고 있습니다. 저의 형수가 과히 나쁘지 않으시다면 곧 취하시어 건즐을 잡게 하심이 어떻겠습니까?"

조운은 그 말을 듣자 크게 노하여 자리를 차고 일어났다.

"내 이미 너와 더불어 형제의 의를 맺었으니, 너의 형수면 내게도 형수가 되지 않느냐. 그런데 어찌 그렇듯 인륜을 어지럽게 하는 일을 하려 든단 말이냐!"

조범은 얼굴을 붉히며,

"저는 호의로 드린 말씀인데 왜 그처럼 역정을 내십니까" 하고 좌우를 향하여 가만히 눈짓했다.

조운이 보기에 자기를 해칠 뜻이 있는 게 분명했다. 그는 즉시 주먹을 들어 조범을 단번에 때려누이고 부문 部門을 나서 말 타고 서에서 나와 버렸다.

조범은 곧 수하 장수인 진응과 포룡을 불러서 상의했다. 진응이 말했다.

"저 사람이 그렇듯 성이 나서 갔으니, 아무래도 우리 편에서 먼저 선수를 쳐서 죽여 버리는 수밖에 없습니다."

조범이 물었다.

"그와 싸워서 이길 수가 있겠는가? 그는 천하의 용장이 아닌가."

포룡이 대답했다.

"저희 두 사람이 가서 거짓 항복하고 그의 군중에 있을 터이니, 태수께서는 친히 군사를 거느리고 싸움을 청하십시오. 그러면 저희 둘이서 내응하여 조운을 사로잡겠습니다."

이날 밤 두 사람은 군사 5백 명을 이끌고 조운의 영채로 가서 항복하러 왔노라고 했다. 조운은 거짓임을 알면서도 곧 불러들였다.

조운은 짐짓 기뻐하는 체하고, 두 사람에게 술을 취하도록 권했다. 두 사람이 마침내 대취하여 쓰러지자, 조운은 곧 그들을 장중에다 묶어 놓고, 수하 군졸들을 붙들어다 물어보았다.

과연 두 사람이 사항계詐降計를 쓴 것이 분명했다. 조운은 즉시 5백 명 군사들을 모두 불러들여 술과 밥을 내리고, 영을 전했다.

"나를 해치려고 한 것은 진응과 포룡뿐이고, 다른 사람은 상관이 없는 일이니, 너희는 내가 시키는 대로만 따라서 행하라. 그러면 다들 상을 후히 주마."

모든 군사가 다 절하면 사례했다.

"죽이지 않는 것만도 감읍할 일인데, 무슨 일이든 시키는 대로 하겠습니다."

조운은 곧 진응·포룡, 두 장수의 목을 벤 다음 저들 5백 군을 앞세우고, 자기는 1천 군을 거느리고 뒤를 따라 밤을 새워 계양성으로 갔다. 성 아래 당도하자 조운은 군사를 시켜, "진 장군과 포 장군이 조운을 죽이고 회군해 오셨소. 곧 성문을 열어주시오" 하고 큰 소리로 외치게 했다.

조범이 성 위에 올라 횃불을 밝히고 내려다보니, 과연 자기편 군마가 틀림없다. 그는 곧 말을 타고 성문을 열고 나왔다.

조운은 즉시 좌우를 꾸짖어 조범을 잡아서 묶게 하고, 성으로 들어가서 백성을 안무한 다음, 사람을 유비에게 보내서 이를 보고하게 했다.

유비가 제갈량과 함께 몸소 계양으로 왔다. 조운은 그들을 영접하여 성으로 청해 들이고, 즉시 조범을 계하로 끌고 오게 했다. 제갈량이 친히 물으니, 조범이 자기의 형수로 조운의 아내를 삼으려 하다가 도리어 그의 노여움을 산 일을 갖추 고했다.

제갈량은 듣고 나서 조운에게 말했다.

"그도 또한 아름다운 일인데 공은 어찌하여 거절했소?"

조운이 대답했다.

"조범이 이미 저와 더불어 형제의 의를 맺은 터에, 만약 그 형수 되는 사람에게 장가든다면 남들이 욕할 것이 하나요, 또 그 부인이 개가하면 곧 절개를 잃는 것이 둘이요, 조범이 항복하자마자 즉시 그 말이 나왔으니 속셈을 알 수 없는 것이 셋입니다."

서투른 미인계나 책략은 오히려 쓰지 않는 것보다 못하다.

자신과 상대의
뿌리를 생각하라

전진前秦왕 부견이 동진東晉을 쳐서 천하를 통일하기 위해 백만 대군을 일으켰다. 이 전진군 가운데에는 그전에 동진의 장군이던 주서朱序라는 장수가 있었다.

그가 동진의 양양襄陽을 지키고 있을 때 전진의 십만 군사가 쳐들어갔는데, 그때 부장의 내응에 의해 성이 함락되고 말았다. 양양성에 입성한 전진왕 부견은 주서의 선전善戰을 극구 치하하고 내응했던 부장을 오히려 중벌로 다스렸다. 그 후 주서는 전진에 기용되었으나, 그의 마음은 항상 동진에 가 있었다.

백만 대군이 회수를 지날 때였다. 주서가 부견에게 진언했다.

"호랑이를 초원에 몰아내어 싸우면 우리 쪽도 피해를 보기 마련입니다. 소장의 생각으로는 동진의 군사들을 함정 속에 끌어들여 치는 것이 좋을 듯합니다."

"그게 쉽겠는가?"

"우리 전진의 군사가 일시에 후퇴하면 틀림없이 동진의 군사가 강을 건너 추격해 올 것입니다. 그때를 타서 동진군을 무찌른다면 가히 전승을 거둘 수 있을 것입니다."

"음…."

"비밀이란 여러 사람이 알게 되면 아무런 효과가 없습니다. 그러므로 이번 퇴각은 군사들에겐 알리지 말고 불시에 퇴각을 명령하는 것이 좋을 것 같습니다."

"음, 과연 그렇다. 백만 대군으로 하여금 완벽한 연극을 하게 할 수야 없는 일이지."

그리하여 부견은 동진군을 유인하기 위해 불시에 후퇴 명령을 내렸다. 군사들은 갑작스러운 후퇴령에 갈피를 잡지 못하고 정신없이 달아나기 시작했다.

부견은 말이 끄는 높은 망루에 올라 손으로 이마를 짚고 비수의 강안을 바라보았다. 예상했던 대로 전진군이 후퇴하자 동진의 군사가 간을 건너기 시작했다. 부견은 손을 비비며 때가 오기만 기다렸다. 이윽고 동진군의 선봉이 벌써 강을 건너고 있었다.

"됐다!"

부견은 주먹을 불끈 쥐며 저도 모르게 혼자 중얼거렸다. 이제 잠시 후면 부견의 오른손이 높이 올라갈 것이다. 그렇게 되면 다시 반격을 개시하게 된다. 이윽고 가교가 만들어지고 동진군의 거의 절반이 강을 건넜다.

"바로 지금이다!"

부견의 손이 번쩍 치켜 올려졌다. 백만의 대군이 이를 신호로 하여 일대 반격을 하게 된 것이다.

그런데 실로 뜻밖의 상황이 벌어졌다. 부견이 아무리 신호를 해도 퇴각하는 전진의 군사들은 그저 못 본 체하고 후퇴만 계속하고 있었다. 부견은 고래고래 악을 썼다.

"뭣들 하느냐! 어서 반격해라! 어서 반격…."

그러나 전진군은 부견의 호령 소리에는 아랑곳없이 후퇴를 계속하고 있었다. 단 한 번의 접전도 없이 부견의 백만 대군이 팔만여의 동진군에게 허겁지겁 쫓기는 데에는 그만한 이유가 있었다.

이 계책을 진언했던 주서가 작전의 기밀을 동진군에게 미리 알려준 다음, 전진군의 각 영채를 돌아다니며, 사태가 불리하니 무조건 후퇴하라고 명령했기 때문이었다. 부견은 패주하는 도중에 화살을 맞고 중상을 입었으며 선봉대장 양성^{梁成}도 난군 중에 목숨을 잃고 말았다. 부견이 장안으로 회군하기 위해 군사를 계점해 보니, 남은 군사는 겨우 십만밖에 되지 않았다.

춘추 시대에 오패^{五覇}의 한 사람인 제나라의 환공^{桓公}은 식도락가로도 유명한데, 그는 어떤 산해진미도 모두 다 맛을 보았으나, 인육^{人肉}만은 못 먹어 보았다.

이를 안 궁중 요리장 역아^{易牙}는 환공의 비위를 맞추기 위해 자기 아들을 죽여서 '통구이'를 만들어 환공에게 진상했다고 사마천은 기록하고 있다.

어떤 목적을 위해서 희생을 바친 것은 사실이지만, 그 방법이 너무 끔찍하고 그 목적의 가치가 너무 초라해서, 이것을 고육지책이라고 할 수는 없다. 지나친 아부에 불과하다.

명신 관중^{管仲}이 환공에게 역아를 멀리하라고 간했으나, 환공은 듣지 않고 오히려 역아를 측근에 두었다. 관중이 죽은 후 환공은 역아의 무리에게 감금되어 굶어 죽고 말았다.

시황제는 숨을 거두기에 앞서 그의 장자인 부소^{扶蘇}에게 제위를 승계한다는 조서^{詔書}를 남겼다. 그러나 측근인 환관 조고^{趙高}가 승산인 이사^{李斯}와 짜고 조서를 위조하여 시황제의 막내아들 호해^{胡亥}를 진^秦 제국의 제위에 오르도록 했다.

그리하여 진나라의 제2세 황제로 호해가 등장하자, 피바람이 불기 시작했다. 맨 먼저 위험 분자로 지목된 사람이 맏아들 부소와 만리장성을 쌓은 명장 몽염이었다.

사마천이 남긴 기록에 의하면, 몽염은 그때 죽음을 앞두고 깊은 한숨을 토하면서,

"도대체 나에게 무슨 죄가 있단 말인가, 아무런 죄도 없이 죽어야 한다니…." 이렇게 말하고, 잠시 생각에 잠겼던 그는 다시, "나의 죄는 죽어 마땅하다. 그것은 임조에서 요동까지 장성을 2만여 리나 쌓는 도중에 지맥을 끊은 일이 없다고 할 수 없을 것이니, 이것이 바로 나의 죄라면 죄로다."

마침내 그는 독약을 마시고 자결했다. 물론 몽염의 죽음은 부소와 가까웠기 때문에, 부소와 함께 그를 처치해 버리려는 조고 등의 책략에 의한 것이었다.

그러나 후일 사마천의 기록에 의하면, 몽염이 시황제의 비위를 맞추기 위해 토목 공사에 열중한 나머지 수많은 백성을 혹사하고 죽임을 당하게 했다고 적고 있다. 이러한 민원民怨은 조고 등이 그를 죽이는 구실이 되기에 충분한 것이었다.

조고는 몽염과 부소뿐만 아니라 시황제 이래의 중신과 공자들을 모조리 죽이고, 결국은 진 제국의 기반을 뿌리째 흔들어 놓은

악랄한 모사였다.

더구나 그는 함께 일을 꾸민 이사마저 진 제국의 위기를 방치한 책임을 물어, 혹독한 고문 끝에 죄명을 씌워 죽여버렸다.

2세 황제 호해는 그야말로 허수아비에 불과했다. 중승상中丞相이라면 승상 다음의 요직이다. 스스로 중승상이 된 일개 환관이던 조고는 자기의 세력과 권위를 테스트해 보기 위하여 2세 황제 앞에서 노루를 가리켜 말이라고 했다.

2세 황제는 깜짝 놀라며, "이것은 말이 아니라 노루가 아니오?"라고 말하자, 좌우의 대신들은 모두 조고의 눈치를 보면서, "그것은 말입니다" 하고 이구동성으로 대답했다.

시류에 따라 흑黑을 백白이라고 하는 지당주의至當主義는 이때부터 유래된다.

기원전 340년경 삼니움군의 침공을 받은 카푸아는 로마에 원군을 청했다. 로마군은 침입해 온 삼니움군을 격퇴했지만, 삼니움군의 재침을 막는다는 미명하에 2개 군단을 계속 주둔시켰다.

마침내 로마의 주둔군 사령관이 이렇게 말했다.

"자기 나라를 자기가 스스로 지킬 수 없는 카푸아인에게는 이 땅을 영유할 자격이 없다."

그리고는 무력으로 카푸아를 자기 것으로 만들었다.

이런 이야기는 또 있다. 동로마 제국의 황제 요안니스 6세는 팔라이올로고스당과 왕위 문제로 서로 다투어 1346년 터키의 군주 오르한과 동맹을 맺고 터키 기병 1만의 원군을 불러들였다.

그런데 터키군은 싸움이 끝났는데도 귀국하지 않고, 터키의 유럽 진출을 위한 발판을 만들었다. 이것이 그리스의 터키 예속의 시초이다.

위축시키려 하거든 먼저 신장시켜 주라.
약하게 만들려 하거든 먼저 강하게 만들어 주라.
멸망시키려 하거든 먼저 성장시켜 주라. 뺏으려 하거든 먼저 주라.

3장

심리파악의 기술

사람은 누구나 희노애락공喜怒哀樂恐
- 기쁘고 노하고 슬프고 즐겁고 두려운 다섯 가지 정을 가지고 있다.
이러한 다섯 가지 기본 감정의 온갖 명암을 이용 또는 역이용하여
상대로 하여금 이성을 잃게 하거나 심리의 균형을 깨뜨리게 함으로써
그 허(虛)를 찌르는 수법을 쓰기도 한다.

미인계의
허점을 이용한다

한漢 왕조 말, 황건적의 난이 가라앉자 천하는 다시 어지러워

지고 군웅이 할거했다. 이때 한나라 조정은 권신 동탁董卓이 왕도

낙양을 불태우고 서안으로 천도하여 권세를 마구 휘둘렀다.

한 왕실의 사도司徒 왕윤王允은 동탁을 제거하기 위한 음모를

꾸몄다. 그런데 동탁을 죽이려면 항상 그를 그림자처럼 수행하

는 심복 맹장 여포呂布가 문제였다.

그래서 왕윤은 친딸처럼 귀여워하는 초선으로 하여금 동탁과

여포의 사이를 이간시키는 책모를 쓰기로 했다.

왕윤은 먼저 여포를 자기 집에 초청하여 초선을 여포에게 주

겠다고 약속했다. 이 말을 듣고 여포는 감격하여 어쩔 줄을 몰랐다.

다음날 왕윤은 이번에는 동탁을 청하여 역시 주연을 베풀고 동탁을 유혹했다. 동탁도 초선의 미모에 반한 것을 눈치챈 왕윤은 즉시 초선을 동탁의 부중으로 보냈다.

이를 본 여포가 왕윤에게 따졌다.

"초선을 내게 주겠다고 약속해 놓고 동태사(동탁)에게 들여보내다니 나를 희롱하는 거요?"

왕윤은 시치미를 떼고 말했다.

"어제 동태사께서 초선을 한 번 보시고는 '오늘은 길일이니 내가 이 낭자를 여포에게 데려다 주겠소'라고 하시기에 초선을 보낸 것뿐입니다."

여포는 자기의 성급함을 사과하며 속으로 은근히 기뻐했다. 그런데 돌아와 보니 아무래도 이상했다. 동탁이 초선을 자기에게 줄 것 같지 않았다.

한편 동탁은 동탁대로 여포가 초선을 보는 눈길이 이상하다고 여겨 내심 괘씸하게 생각하고 있었다.

그 후 초선은 동탁에게는 여포가 항상 자기를 유혹하려 한다고 앙탈을 부리고, 반대로 여포에게는 동탁이 자기를 놓아주지 않는다고 눈물을 흘리면서 호소했다.

어느 날 여포가 봉의정鳳儀亭에서 초선과 밀회를 하는 것을 보고 동탁이 노하여 여포에게 창을 던졌다. 그 후 두 사람 사이에 갈등과 반목이 생겼다.

동탁의 심복인 이유李儒는 이를 보고 초선을 여포에게 사양하도록 권했으나 동탁은 대로하여 소리쳤다.

"그렇다면 자네의 처를 여포에게 주게나, 앞으로 초선의 일에는 아예 참견을 말라."

그 뒤 동탁은 가만히 초선을 비오라는 곳에다 옮겨 놓았다. 왕윤은 실의에 빠진 여포를 불러 주연을 베풀고 그를 위로했다.

"동태사께서 장군에게 바친 나의 딸을 빼앗다니 이렇게 무도한 일이 어디 있단 말이요, 나는 이제 너무 늙었고 무능한 사람이지만, 그대는 당세의 영웅이니 이 수모를 어떻게 견디겠소?"

왕윤이 은근히 여포를 격동시켰다.

"대장부로 태어나서 어찌 이런 치욕을 참으며 또한 언제까지 남의 밑에만 있으란 법은 없지요!"

여포가 술김에 분노를 참지 못하고 속마음을 털어놓자 왕윤은 그제야 동탁의 암살 음모를 비추었다. 여포는 노한 김에 분연히 그 음모에 가담하기로 맹세했다.

그리하여 왕윤은 천자가 제위帝位를 물려준다고 속여 동탁을 황궁으로 들게 했다. 이를 모르는 동탁이 대궐로 들어가자 여포가 내달아 동탁을 죽이고 말았다.

오나라와 월나라는 두 나라 사이에 항상 싸움이 그칠 사이가 없었다. 기원전 496년 오왕 합려闔閭가 월왕 구천勾踐에게 패하여 죽었다. 그 3년 후 오왕의 아들 부차夫差는 회계산에서 다시 구천을 대파하여 아버지의 원수를 갚았다.

오왕에게 항복한 구천은 오왕의 신하가 되어 와신상담하면서 복수의 기회를 노렸다. 그는 오왕 부차가 호색한임을 이용하여 오나라를 혼란케 하기 위한 일곱 가지 계책을 세웠다.

그 한 가지로서 구천의 신하인 문종과 범려가 짜낸 것이 미인계였다. 이 미인계에 뽑힌 것이 유명한 서시西施라는 미녀였다. 서시는 월나라의 시골 처녀로, 구천으로부터 예의범절을 배운 후 오왕 부차에게 헌상되었다.

과연 부차는 서시에게 빠져 나랏일을 소홀히 하다가 허영심을 만족시키기 위해 대군을 이끌고 황지黃池에서 제후들과 천하의 패권을 다투기에 이른다.

구천은 부차가 도성을 비운 틈을 타서 오나라의 서울을 급습

하여 마침내 부차를 자살시키고 오나라를 멸망시켰다.

중국에서 미녀를 두고 하는 말에 경국지색傾國之色 또는 경성지색傾城之色이라는 말이 있다.

'한서漢書'에 '북방에 절세의 가인佳人이 있어, 한 번 표정을 쓰면 성城을 기울게 하고, 두 번 돌아보면 나라를 망하게 한다. 비록 성을 기울게 하고 나라를 망하게 하더라도 가인은 다시 얻을 수 없느니라'

라는 시구詩句에서 비롯된 말이다.

진秦나라는 초나라의 금중 땅을 얻기 위해 무관武關의 요새에서 동쪽에 있는 진나라의 영토와 교환하자는 조건을 내놓았다. 이에 대해 초나라의 회왕懷王이 대답했다.

"영토 교환은 원치 않으나 책사 장의張儀를 내놓는다면 궁중의 땅을 드리겠소."

진왕은 내심 장의를 내주고 싶었으나 차마 입 밖으로 말할 수 없었다. 초왕이 장의를 넘겨받아 죽이려는 것을 알고 있어서였다. 장의는 왕의 심중을 알아채고 스스로 초나라로 가겠다고 했다.

진왕이 말했다.

"초왕은 그대가 상商과 어於의 영토 문제로 배신한 것에 앙심을 품고 그대에게 보복하려 할 것이오."

"진나라는 강하고 초나라는 약합니다. 저는 초나라의 근신近臣 근상이라는 자와 친한 사이인데, 그는 초왕의 총비 정유를 모시고 있는 사람입니다. 정유의 말이라면 초왕은 따를 것입니다. 더구나 저는 대왕의 사자로 초나라로 가는 것이니, 어찌 함부로 저를 죽이겠습니까. 비록 제가 죽게 되더라도 진나라가 금중의 땅을 얻을 수만 있다면, 그것은 저의 더없는 기쁨이니 괘념치 마소서."

이리하여 장의는 초나라에 사절로 가게 되었다.

초왕은 장의가 도착하자, 아니나 다를까 그를 감옥에 가두어 죽이려고 했다. 근상이 이를 알고 정유에게 말했다.

"정비鄭妃께서는 이제 곧 신분이 낮아지고 왕의 총예를 잃게 될 것을 알고 계십니까?"

정유가 깜짝 놀라며 물었다.

"그게 무슨 말씀입니까?"

"진왕은 장의를 몹시 총애하기 때문에 기필코 그를 석방하기 위해 상용上庸 지방의 여섯 개 고을과 함께 아름다운 왕녀를 보내어 초왕과 혼인을 시키려 할 것입니다. 대왕께서는 영토를 탐하여 그에 따를 것이며, 진나라를 후대하게 될 것입니다.

그렇게 되면 진나라의 왕녀는 반드시 높은 왕비의 자리를 누리게 될 것이고, 그에 따라 정비께서는 냉대를 받게 될 것입니다. 장의를 서둘러 감옥에서 풀어주게 하는 것이 상책입니다."

이 말을 들은 애첩 정유는 주야로 초왕을 설득하였다.

"남의 신하가 된 자는 누구나 그 주군을 위해 일하는 게 도리가 아닙니까. 우리에게 주기로 약속한 땅을 아직도 진나라에서 주지 않고 있습니다. 만약 대왕께서 아직 약속의 예를 다하기도 전에 장의를 죽인다면, 진나라는 반드시 노하여 초나라를 치려 할 것입니다. 대왕께서 제 말을 듣지 않으시려거든 우리 모자母子를 양쯔강의 남쪽으로 옮겨 주십시오. 그래야 진나라군의 앙화를 면할 것입니다."

초왕은 이 말을 듣고 깊이 깨달은 듯 장의를 용서하고 전과 같이 후한 대접을 했다.

이 이야기는 오왕 부차가 사랑의 포로가 되어 간계에 속은 경우와는 달리, 여자의 허점을 노려서 목적을 달성한 경우이다.

적의 심리를
파악한다

제나라 대장 전기田忌와 위魏나라 대장 방연龐涓이 마릉 땅에서
싸울 때였다. 제나라 대장 전기의 군사軍師인 손빈은 마릉길 중에
서도 가장 험준한 곳을 골라 군사를 시켜 큰 나무 하나만을 남겨
두고, 나머지 나무들은 모조리 베어 버리게 했다. 그러고는 군사
에게 명령을 내렸다.

"베어 버린 나무를 모아다가 위나라 군사가 지나가지 못하도
록 길을 막아라."

손빈이 다시 군사에게 명령했다.

"저 하나 남은 나무의 가지를 다 쳐 버리고 껍질을 벗겨라."

이윽고 껍질이 다 벗겨지자 손빈은 친히 붓을 들어 허옇게 드러난 나무에다 여섯 글자를 썼다.

방연은 이 나무 아래서 죽는다.

이어서 손빈은 수하의 두 장수에게 말했다.

"오늘 저녁 무렵이면 위나라 군사가 마릉 땅에 당도할 것이다. 그대들은 각기 궁노수 5천 명씩을 거느리고 길 좌우편에 매복하고 있다가, 저 껍질을 벗긴 나무 밑에서 불빛이 일어나거든 그 불빛을 향해 일제히 활을 쏘아라."

한편 위나라 대장 방연이 군사를 거느리고 마릉 길에 당도했을 때는 이미 날이 저물어 사방이 어두웠다. 더구나 이날은 10월 하순이어서 달도 없었다. 이때 앞서 가던 군사가 돌아와서 방연에게 고했다.

"많은 나무를 베어서 길을 막아 놓았기 때문에 더 나아가기가 어렵습니다."

방연이 그 군사를 꾸짖었다.

"제나라 군사가 우리 군사를 두려워해서 길을 막아 놓고 달아난 것이다. 나무를 치워 버리면 될 것인데 그까짓 것이 무슨 큰 일이라고 이렇듯 수선을 떠느냐!"

방연은 나무 치우는 일을 직접 지휘하기 위해 선두로 나갔다. 그가 선두로 나가다 보니 바로 앞에 허연 나무가 단 한 그루 서 있었다. 껍질을 벗긴 나무였다. 방연이 자세히 보니 그 나무에 글씨가 쓰여 있는데 워낙 어두워서 잘 알아볼 수가 없었다.

방연이 군졸에게 분부했다.

"횃불을 켜라. 도대체 뭐라고 썼는지 좀 보자."

이에 곁에 섰던 군졸이 횃불을 켰다. 횃불로 그 글씨를 비춰 본 순간 방연은 내경실색했다.

"내가 손빈 놈의 계책이 빠졌구나!"

방연은 군사를 둘러보고 황급히 외쳤다.

"즉시 후퇴하라!"

방연의 외치는 소리가 끝나기도 전이었다. 길 양쪽으로 매복해 있던 제나라 궁노수들이 일제히 그 횃불을 향해 활을 쏘았다. 1만 궁노수가 쏘는 화살은 사뭇 비 오듯 했다.

이에 무수한 화살을 맞고 쓰러진 방연은 자신의 최후를 직감했다.

그는 차고 있던 칼을 뽑아 자기 목을 찌르고 자결했다. 대장을 잃은 위나라 군사는 참패를 당하고 말았다.

진晉나라 경공景公 때의 일이다. 경공은 날마다 여색과 술과 사냥질로 세월을 보내고 나라의 정사는 모두 권신 도안가屠岸賈에게 맡기고 있었다. 이에 도안가는 맞수인 조씨趙氏 일문을 제거하기 위해 경공에게 참소하여 마침내 그 일족을 모조리 도륙했다.

그런데 다만 조삭趙朔의 아내 장희莊姬만은 전 임금의 딸로서 경공의 고모여서 궁중으로 몸을 피하여 그 어머니의 보호를 받아 목숨을 구할 수 있었다. 그때 장희는 임신 중이었다.

이를 알게 된 도안가는 즉시 궁으로 가서 경공에게 말했다.

"공주는 태중이라는데, 만일 사내아이를 낳으면 역적의 씨를 남기게 됩니다. 다음날 장성하면 반드시 원수를 갚으려 할 것이니, 미리 화근을 뿌리 뽑아야 할 것입니다."

경공은 미소를 지으며, "남자애를 낳으면 그때 없애버리기로 하지" 하고 가볍게 대답했다.

그 뒤로 도안가는 장희가 해산했다는 말을 듣고 여복女僕을 거느리고 들어가서 무엄하게도 내궁을 수색하기까지 했으나 장희가 갓난애를 치마폭 속에 감추어 위기를 모면했다.

도안가는 내궁의 감시를 더욱 강화하는 한편, 갓난애가 이미 궁 밖으로 나갔을지도 모른다는 생각에 천금千金의 상을 걸고 아기를 찾게 했다. 이때 조씨 가문의 문객으로 있으면서 많은 신세

를 진 저구_{杵臼}와 정영이란 사람이 있었다. 정영이 저구를 찾아가
말했다.

"간신 도안가 놈이 내궁에 들어갔으나 아기를 찾아내지 못했
다니 참으로 다행이오. 그러나 도안가를 속이는 것도 일시적인
일에 불과하오. 그러니 아기를 내궁에서 모셔내어 먼 곳으로 데
리고 가서 길러야겠소. 이것이 우리가 해야 할 일이오."

저구는 한참 동안 무언가 골똘히 생각하더니 이윽고 입을 열
었다.

"아기를 잘 길러 원수를 갚게 하는 일과 우리가 죽는 것 중에
서 어느 쪽이 더 어렵겠소?"

"그야 죽는 게 쉬운 일이지요. 아기를 길러 소원을 성취하는
일이 더 어렵지요."

저구가 정영 앞으로 다가앉으면 말했다.

"미안하지만 그대는 어려운 일을 맡아 주오. 나는 쉬운 일을
하겠소."

정영이 당황하여 물었다.

"그게 무슨 말씀이오?"

"나는 지금부터 갓난아기를 하나 구해 보겠소. 그래서 다른 아
기를 조삭의 아들인 것처럼 꾸며서 나는 수양산으로 가서 숨겠

소. 그러거든 그대는 도안가에게 가서 나를 밀고하시오. 도안가
는 반드시 가짜 아기를 죽이고는 안심할 것이고, 그러면 내궁에
대한 감시도 풀릴 터이니, 그때 아기를 모셔내 오도록 하시오.
그래야만 그대도 마음 놓고 진짜 아기를 기를 수 있을 것이오.”

　정영이 반색하며 말했다.

　“그것참 좋은 계책이오. 마침 아내가 이번에 사내아이를 낳았
소. 공주마마의 아기씨와 태어난 날이 며칠 차이밖에 안 되오.
그러니 내 아들을 데리고 가시오. 그런데 그대는 아기를 감춰 두
었다는 죄목으로 틀림없이 죽임을 당할 것인데, 이 일을 어찌하
면 좋겠소.”

　저구가 말했다.

　“쉬운 일을 내가 하기로 했으니 오히려 내가 미안할 뿐이오.”

　이리하여 가짜 아기와 저구를 죽인 도안가는 안심하고 내
궁에 대한 감시를 풀었고, 정영은 진짜 아기를 모셔 내오는
데 성공했다.

자신을 낮추고
은혜를 베푼다

삼국 시대 때 오나라의 손권이 위나라의 조조와 싸울 때였다. 손권의 휘하에 감녕과 능통이라는 두 맹장이 있었는데, 두 사람 사이가 아주 나빴다. 감녕이 손권에게 항복하기 전에 능통의 아버지를 전장에서 죽인 일이 있어서였다.

이윽고 싸움이 벌어지자 능통이 말을 달리며 칼을 들고 나가니, 조조 진영에서 악진이라는 장수가 마주 잘려 나왔다. 두 장수가 어울려 싸우기 5십 합에 이르렀건만 도무지 승부가 나뉘지 않았다. 이때 조조가 활을 잘 쏘는 조휴曹休를 불러, "네가 숨어서 적장을 활로 쏘아 죽여라" 하고 명령했다.

조휴는 가만히 몸을 숨기고 활을 힘껏 잡아당겨 쏘았다. 화살은 날아가 능통을 바로 맞추었다. 그 순간 말안장에 털썩 능통이 엎어지자 말은 놀란 듯 꼿꼿이 일어섰고, 능통은 땅 위로 굴러떨어졌다.

이 기회를 놓치지 않고 악진이 재빨리 창을 고쳐 쥐고 능통을 찌르려 할 때였다. 활시울 소리가 또 한 번 크게 울리며 화살은 정면으로 악진을 맞추었고, 악진은 폭풍에 가을 잎이 떨어지듯 몸을 뒤집으면 말에서 떨어졌다.

그러자 양편 군사가 일제히 쫓아나가 각기 자기편의 장수를 구하여 진영으로 들어왔다. 양군은 징을 요란히 울리어 싸움을 피했다.

능통이 진중을 돌아와 손권에게 사죄했다.

"적장을 죽이지 못했으니 면목이 없습니다."

손권이 물었다.

"활을 쏘아 그대를 구한 사람이 누군지 아시오?"

능통이 머뭇거리며 대답했다.

"알지 못하겠습니다."

"그는 다른 사람이 아니고 바로 감녕이오."

"…."

능통이 감녕에게 돈수顿首하고 절하며, "공이 이같이 은혜를 베풀실 줄이야 생각도 못했소" 하고 감격해서 말했다.

그 후부터 능통은 감녕과 생사지교生死之交를 맺고, 다시는 서로 미워함이 없었다.

어떤 관리가 15일을 기한으로 성城을 축조하라는 명령을 받았는데, 그만 이틀이 늦었다. 이를 감독하는 단교段乔라는 장수가 그 죄를 물어 관리를 하옥시키고 목을 베려 했다. 감옥에 갇힌 관리의 아들이 이 일을 전해 듣고 허둥지둥 자고子高라는 장수를 찾아가 빌었다.

"장군님만이 제 아비의 목숨을 구할 수 있습니다. 제발 저의 아비를 살려 주십시오."

"음, 알았으니 돌아가라."

관리의 아들이 돌아가자 자고는 즉시 단교를 찾아가 그와 함께 성벽의 여기저기를 둘러보며 말했다.

"오, 참으로 훌륭한 성입니다. 이것은 참으로 대단한 공로라, 장군에게는 틀림없이 나라에서 큰 상을 내릴 것이오. 그런데 이렇게 큰 공을 세우고도 그동안 단 한 사람의 희생자도 없었다는 것은 더욱 놀라운 일로서, 이는 전무후무한 일이오."

자고가 돌아가자 단교는 당장에 하옥시킨 관리를 석방했다.

치켜세워서 기뻐하지 않을 사람은 드물다. 아첨인 줄 알면서도 역시 기분이 나쁘지는 않은 것이 인지상정이다. 앞의 자고도 단교를 칭찬해 한껏 기분 좋게 해 준 다음, 희생자가 없었음을 슬쩍 추켜 주니 단교는 서둘러 관리를 석방해 준 것이다.

손자는 '노엽게 만들면 일을 그르친다. 자기를 낮추어 상대를 오만하게 만들라'고 했다.

상대를 격동시켜
정의를 불태운다

유비가 면죽성에 입성하여 이제 오직 남은 성도成都를 칠 의논을 할 때였다. 갑자기 유성마가 달려와 급보를 올렸다. 천하의 맹장 마초馬超가 한중 장로의 군사를 빌려 쳐들어오고 있으니, 구원이 없으면 막아내기 어렵다는 것이었다.

난데없는 마초의 출현에 유비는 크게 당황했다. 상대는 천하에 당할 자가 없는 맹장이다. 공명은 침음하기 한참 만에, "아무래도 장비나 조운 두 장군이라야 대적할 수 있을 것 같습니다" 하니 유비가 서둘렀다.

"조운은 나가 있으니 할 수 없거니와, 장비는 마침 여기 있으니 곧 그리로 돌립시다."

그러자 공명이 조용히 말했다.

"주공께서 잠자코 계시면, 제가 장 장군을 격동시킬까 합니다."

이윽고 장비는 마초가 쳐들어왔다는 소식을 듣고 황황히 들어오며 큰소리로 외쳤다.

"마초 놈이 왔다지요! 내가 나가서 그놈을 사로잡아 오겠소."

그러나 공명은 들은 척도 않으며 유비를 바라보고 말했다.

"천하의 맹장 마초가 쳐들어오니, 아무도 막아 낼 사람이 없을 것 같습니다. 아무래도 형주로 사람을 급히 보내어 관운장關雲長을 모셔와야겠군요."

장비가 얼굴에 핏줄을 세우며 말했다.

"아니, 군사軍師는 어찌 나를 이렇게 얕볼 수 있단 말이오?"

"그 무슨 말이오?"

"내가 지난날 장판파長坂坡 싸움에 조조의 백만 대군을 혼자서 막았거늘, 어찌 마초 하나를 이기지 못하겠소."

"그야 그때의 일이 아니겠소. 이제 마초의 용맹함은 천하가 다 아는 바요. 위교渭橋 싸움에서 조조로 하여금 수염을 깎게 했고, 포의袍衣를 버리게 한 것도 마초가 아니었소. 아마 관운장이 온대도 이기기 어려울 것이오."

장비는 소리를 높여, "정 그러시다면 군령장을 써 놓고라도 그 놈을 치겠소" 하며 달려들었다. 그제야 공명은 못 이긴 척 유비에게 말했다.

"장 장군이 저렇듯 말하니, 군령장을 받고 선봉에 서게 하시지요."

공명은 이렇게 장비를 격동시킴으로써 그로 하여금 전의戰意를 불태우게 하여 싸움에서 이기도록 했다.

비상 상황에서는
비상 수단을

오나라와 월나라의 싸움에서 크게 패하여 항복한 월왕 구천句
踐이 오나라에서 포로 생활을 하고 있을 때였다.

오왕 부차夫差가 오래도록 병석에 누워 있다는 소문을 들은 월
왕 구천은 오나라 권신權臣 백비의 주선으로 오왕을 뵈옵고 머리
를 조아리며 아뢰었다.

"신이 대왕의 용안을 우러러 뵈옵고자 청한 것은 다름이 아니
옵니다. 지난날 신이 한 신의神醫로부터 약간의 의술을 배운 적이
있사온데, 병자의 대변을 보면 대강 그 병세를 짐작할 수 있습
니다."

오왕 부차가 반색하며 말했다.

"으음, 그래? 그것 마침 잘 됐구나. 그럼 어디 과인의 대변을 한번 보아다오."

오왕 부차가 뒤를 다 보고 나서 변통을 내주자, 월왕 구천은 뚜껑을 열고 손을 넣어 똥을 움켜 냈다. 그리고는 공손히 꿇어앉아 그 똥을 유심히 한번 살펴보고는 입에 넣어 맛을 보았다. 이 광경을 보고 좌우 사람들은 다 코를 움켜쥐고 외면했다.

이윽고 월왕 구천이 꿇어 엎드려 아뢰었다.

"신은 감히 두 번 절하고 대왕께 축하를 드리나이다. 대왕의 병환은 곧 완쾌하실 것입니다."

오왕 부차가 몹시 기뻐하며 말했다.

"참으로 기특한 일이로다. 그 어느 신자臣子가 군왕의 대변을 맛보고 그 병세를 진단하리오."

오왕 부차는 크게 감동한 나머지 월왕 구천을 용서하고 본국으로 돌아가게 해 주었다.

그 후 월왕 구천은 와신상담하여 오나라를 쳐부수고 오왕 부차를 자결케 함으로써 치욕을 갚았다.

진심은
통하는 법이다

조조가 죽자 그의 맏아들 조비曹丕가 대위大位를 이어받았거니와, 권력의 생리상 조비는 동생 조식曹植을 제거하기 위해 그를 잡아들였다.

아버지를 여읜 설움을 느낄 사이도 없이, 형의 명령으로 임지任地에서 끌려오자, 조식은 조비 앞에 꿇어 엎드려 목숨을 빌었다.

"모든 잘못을 용서하소서."

"내가 너와 함께 정情으로 말하면 비록 형제지간이나, 의義로 논하자면 군신의 분별이 있는데, 너는 어찌 하찮은 재주만 믿고 예법을 우습게 여기느냐. 지난날 선군先君께서 생존하셨을 때 네가 항상 시문詩文으로 자랑하여 사람들이 너를 칭송했으나 그것을 믿을 수가 없다. 아마도 모두 네가 지은 것이 아니라 다른 사람이 대신 지어 준 것이 아닌가 의심된다. 만일, 내 말이 억울하다 생각되거든 즉시 너의 재주를 보여라. 지금 네가 앞으로 일곱 걸음을 옮기는 동안에 능히 시詩 한 수를 짓도록 하라. 만일, 지을 수 있다면 죽음을 면할 것이요, 짓지 못한다면 중죄를 내릴 것이니, 속히 대답하라."

실로 무리한 제안이었다. 일곱 걸음을 옮기는 동안에 시 한 수를 지으라니, 핑계를 걸어 죽이려는 것이 분명했다.

"바라옵건대 글 제목을 주십시오."

조비는 한참 무엇을 생각하더니, "나와 너는 형제간이니 형제로서 제목을 삼고 글을 짓되, 형제라는 글자를 써서는 안 되며 그러한 문구를 넣어서도 안 된다" 하고 어려운 조건을 붙여 말했다. 이 말을 듣자 조식은 조금도 머뭇거리지 않고 즉시 시를 읊으니,

콩을 볶음에 콩깍지로 불을 지르니

콩은 솥 속에서 툭툭 튀며 우는도다

이 본래 한 가지 뿌리에서 태어났건만

서로 볶아댐이 어찌 이다지도 급하더뇨

조비도 사람이라면 어찌 글 뜻을 짐작하지 못하겠는가. 그의 양볼로 잠연히 눈물이 흘러내렸다. 그리하여 조식은 목숨을 구할 수 있었다.

위魏나라의 대화大和 원년이라고 하면 서기 227년이다. 위나라 황제는 제갈공명이 기산祁山으로 진출했다는 소식을 듣고 매우 놀라 조진曹眞을 대도둑으로, 왕랑王郎을 군사령으로 하여 이를 막게 했다.

조진은 군사를 이끌고 출병하여 기산의 정면에서 촉군의 제갈공명과 대진했다. 여기서 중국 고대의 싸움에서 흔히 볼 수 있는 '욕 싸움'이 시작되었는데, 이것을 일컬어 '매진罵陣'이라고 한다.

먼저 왕랑이 말을 타고 진 앞으로 나아가며, "제갈량, 그대는 천명을 분별하고 천시를 잘 아는 자가 아니냐, 그런데 어찌하여 무모한 싸움을 벌여 죄 없는 백성을 괴롭히느냐. 애당초 천명에는 변화가 있기 마련이다. 제위帝位가 바뀌어 덕이 있는 자에게로 돌아가는 것이 자연의 순리가 아니더냐" 하고 조조의 공덕을 찬양하면서, "하늘의 뜻을 따르는 자順天子는 살고, 하늘의 뜻을 거역하는 자는 망하리라" 하고 외치며 항복하기를 권했다.

이 말을 들은 촉나라 군사들은 모두 그 말이 그럴듯하다는 듯이 고개를 끄덕이고 있는데도 제갈공명은 입을 다물고 아무 말이 없었다. 그때 제갈공명을 수행하여 진중에 있던 참모 마속馬謖이 제갈공명에게로 다가가 속삭였다.

"옛날에 계포季布가 한漢 고조를 욕하며 적진을 돌파한 일이 있었습니다. 왕랑은 지금 그 계책을 쓰고 있는 것입니다."

이윽고 제갈공명이 사륜거 위에서 큰소리로 왕랑을 꾸짖었다.

"그대는 한조漢朝의 원로로서 필경 고담高談이 있을 줄로 생각했는데, 어찌 그따위 망언을 뇌까리는가. 내가 이번에 군명君命을 받들고 대의大義에 의해서 역적을 치려 하거늘, 그대가 망령되어 진열 앞에 나와서 함부로 천명을 입에 올리다니, 대대로 한나라의 녹을 먹은 너의 조상이 지하에서 통곡하겠구나. 이 머리털 허연 늙은 역적놈아. 하늘이 무섭고 조상 보기에 부끄럽거든 이 자리에서 썩 물러가라!"

이 말을 듣자 왕랑은 분을 참지 못하고 가쁜 숨을 몰아쉬다가 그만 말에서 굴러떨어져 죽고 말았다. 후세 사람들이 이때의 일을 찬탄한 시를 남겼다.

병마가 서진西秦으로 나가자

웅재雄才는 만인의 적을 대하여

오직 세 치의 설변舌辯을 떨쳐

늙은 간신을 매도하여 죽였도다

왕랑은 논리와 이치를 설파하여 듣는 사람으로 하여금 고개를 끄떡이게 했다. 그러나 제갈공명은 감정에 호소했다. 그리하여 왕랑의 고담탁설은 무색해지고 왕랑은 그만 분통이 터져 죽은 것이다.

소진蘇秦은 강대국 진秦나라에 대항해서 6개국이 뭉치는 합종 동맹에 성공했다. 그러나 만일 진나라가 열국을 공격하여 동맹이 깨졌을 때 자기에게 닥칠 사태를 우려했다. 누군가 믿을 수 있는 사람을 진나라의 재상으로 있게 해야겠다고 그는 생각했다.

그리하여 그는 사람을 은밀히 장의張儀에게 보내어 이렇게 말하도록 했다.

"선생께서는 전에 소진과는 동문수학한 사이시죠. 지금 소진은 조나라의 재상으로 있는데, 선생께서는 어찌하여 그를 찾아가 소원을 부탁하지 않습니까?"

장의는 그 말을 듣고 조나라로 가서 소진에게 면회를 청했다. 그러나 소진은 한동안 뜸을 들인 후에 장의를 불러 만나기는 했으나, 하인에게나 주는 험한 음식을 내어주며 힐난했다.

"그대는 어찌 이처럼 영락한 모습이 되었는가, 내가 왕에게 아뢰어 그대를 부귀하게 만들 수도 있지만, 그대는 일을 맡길 만한 인물이 되지 못하니 이를 어쩌겠는가."

장의는 옛 친구를 찾아서 도움을 구하려 했는데 오히려 지독한 수모를 당하자 분함을 참지 못하고, 그 길로 진나라를 찾아갔다.

한편 소진은 부하에게 말했다.

"장의는 내가 감히 따를 수 없는 천하의 인재다. 지금 나는 다행히 벼슬을 하고 있지만, 앞으로 진나라의 권력을 쥘 사람은 장의밖에 없다. 그러나 그는 가난하여 작은 이익에 만족하여 큰 인물이 되지 못할 것을 염려하여 내가 수모를 주어서 분발하도록 해 주었다. 너는 나를 대신해서 그에게 돈을 전하도록 하라. 그러나 결코 이 일을 그가 알게 해서는 안 되느니라."

소진은 조왕에게 청하여 금화와 거마를 구해서 부하를 시켜 몰래 장의의 뒤를 쫓아 같은 숙소에 머물게 하여 자연스럽게 접근하도록 했다. 그러고는 거마와 금전을 제공하여, 장의가 얼마든지 쓰도록 해 주었다.

장의는 그 덕분에 진나라의 혜왕에게 알현을 허용받았다. 혜왕은 그를 객경客卿으로 임명하고 열국 토벌의 계략을 상의했다. 소진의 부하는 그때야 작별을 고하고 떠나려고 했다. 장의가 깜짝 놀라며 물었다.

"그대 덕분에 내가 간신히 출세했습니다. 지금부터 은혜를 갚으려고 하는데, 어찌하여 나를 떠나려고 합니까?"

"지금껏 선생님을 도운 사람은 소진입니다. 소진 대감께서는 진나라가 조나라를 쳐서 합종책을 깨뜨리는 것을 염려하고 있습니다. 그분의 생각으로는 선생이 아니고서는 진나라의 권력을 쥘 수 없다고 믿었습니다. 그래서 선생을 격동시켜 노하게 한 것도, 저에게 몰래 자금과 거마를 주신 것도 모두 소진 대감이 하신 것입니다. 이제 선생께서는 진왕에게 중용이 되셨습니다. 이제는 제가 할 일이 끝났으니, 돌아가서 소진 대감께 사실을 보고하려 합니다."

이 말을 듣고 장의는 대답했다.

"내가 지금까지 그것을 눈치채지 못했으니, 내가 소진을 따를 수 없는 것은 명백하오. 더구나 나는 이제 겨우 새로 임명되었을 뿐, 조나라를 넘겨본다는 것은 생각할 수도 없는 일이오. 나 대신에 소진에게 이 말을 전해 주시오. 소진이 살아 있는 동안에는 나는 어떠한 의견도 말하지 않을 생각이라고, 그리고 소진이 조나라에 있는 한 내가 무슨 일을 할 수 있겠느냐고."

장의는 마침내 강국 진나라의 재상이 되었다.

그 후 소진이 재세하는 15년간은 진나라의 군사가 한 번도 함곡관函谷關의 요새에서 나간 적이 없었다. 이는 다 장의의 영향력이 작용했기 때문이었다.

상대를 압도하는
방법을 터득하라

홍분한 군중을 진압하는 최고의 방법은 관록이 있고 존경을 받는 인물이 크게 위엄을 보이는 일이다.

피렌체에서 사보나롤라파와 귀족파가 충돌하여 사보나롤라파가 패했을 때, 그 파의 유력자 파고란토니오 소데리니의 집이 무장 폭도들에게 습격을 당했다.

때마침 거기에 함께 있던 아우 보르텔라 사교司教 프란체스코 소데리니는 즉시 최고의 예복을 입고 그 위에 법의法衣를 걸친 다음, 폭도들 앞에 나타났다. 그 당당한 풍채와 말재주에 기가 죽은 군중은 이윽고 약탈을 멈추고 흩어지고 말았다.

프란체스코의 이와 같은 대담한 행동은 피렌체에서 오랫동안 사람들의 입에 오르내리며 칭송을 받았다.

피소는 모든 면에서 뛰어날 뿐만 아니라 탁월한 도덕성을 가진 사람이었다. 그는 자기 부하 중의 하나가 꼴을 베러 갔다가, 같이 갔던 동료를 어디에 두고 왔는지도 전혀 모른 채 혼자 돌아온 것을 보고 크게 분노했다.

그는 이 자가 동료를 죽인 것이 분명하다고 단정했다. 그리하여 당장에 그를 사형에 처하라는 명령을 내렸다.

그를 사형대 위에 올려놓았을 때 마침 길을 잃었던 동료가 돌아왔다. 군사들은 크게 기뻐했고, 두 병졸은 한참 동안 서로 껴안고 어루만지면서 반가워했다.

군사들은 피소도 이 일을 대단히 기뻐하리라고 기대하면서, 사형 집행인이 두 병졸을 피소의 앞으로 데려왔다. 그러나 사정은 정반대가 되고 말았다. 왜냐하면, 수치와 분노가 갑절로 폭발한 피소는 세 사람 모두 사형에 처하라고 명령했기 때문이었다.

"첫 번 병졸은 이미 선고를 받았으니 유죄이고, 길을 잃었던 둘째 병졸은 그의 동료의 죽음의 원인이 되었으니 역시 유죄이며, 그리고 사형 집행인은 내가 내린 명령에 복종하지 않았기 때문에 유죄이다!"

분노한 피소는 이와 같은 궤변으로 끝내 세 사람을 모두 처형하고 말았다.

노예 중에 마음보가 고약하고 행실이 나쁜 한 사람이 있었는데, 무슨 잘못한 일 때문에 플루타르코스의 명령으로 그의 옷을 벗기고 매질을 하게 했다. 노예는 처음에는 자기는 억울하고 아무것도 잘못한 일이 없다고 하다가, 마지막에는 그의 주인을 원망했다.

"주인님께서는 평소에 화를 잘 내는 것은 못난 짓이라고 말하지 않았습니까. 그리고 그것에 대해 책도 한 권 쓰신 주인님께서 분노에 못 이겨 이렇게도 잔인하게 매질하는 것은 전적으로 주인님의 글과 모순되는 일입니다!"

이 말을 듣고 플루타르코스는 아주 냉정하고 침착하게 말했다.

"뭐라고, 이놈아! 너는 무슨 근거로 내가 지금 노했다고 판단하느냐? 내 얼굴이, 내 목소리가, 내 안색이, 내 말이 흥분했다는 증거라도 있다는 말이냐? 나는 눈을 부릅뜨지도, 얼굴이 일그러지지도, 고함을 지르지도 않았다. 내가 얼굴을 붉히느냐? 내가 입에 거품을 무느냐? 내가 다음에 후회할 말이라도 했다는 것이냐? 내가 분노를 참지 못해 몸을 떨기라도 하느냐? 내가 왜 이런 말을 하느냐 하면, 이런 것이 분노의 증거이기 때문이다."

말을 마치자 플루타르코스는 매질하던 자를 돌아보며 다음과 같이 명령했다.

"쉬지 말고 매질을 계속하라. 그동안 나는 이놈과 토론이나 하겠다."

수브리우스 플라비우스는 폭군 네로의 명령으로 하필이면 함께 전쟁터에서 싸웠던 니게르의 손에 의해 사형을 받게 되었다.

니게르가 사형 집행 장소로 그를 데리고 가는 도중, 그 시체를 묻으려고 파놓은 구덩이가 고르지 못한 것을 보고는, 거기에 있던 군졸을 돌아보며, "이건 군대의 규율에 맞지 않는구나!" 하고 말했다. 그리고 목을 치기 위해 고개를 쳐들어 달라고 말하는 니게르에게 플라비우스는, "자네는 치기나 똑똑히 치게!" 하고 말했다.

과연 그의 짐작이 옳았다. 왜냐하면, 니게르는 팔이 떨려서 여러 번 쳐야만 했던 것이다. 죽음의 순간까지 마음이 흔들리지 않을 수만 있다면 판단력은 배가倍加되는 것이다.

피로스 왕이 이탈리아로 원정을 가려고 하자, 그의 현신賢臣

키네아스는 그의 야심의 허황됨을 느끼게 하려고 왕에게 물어보았다.

"대왕께서는 무슨 목적으로 그런 큰 계획을 세우셨습니까?"

"이탈리아의 영주가 되기 위해서다" 하고 왕이 대답했다.

"그리고 그것이 성취된 다음에는요?"

키네아스가 다시 물었다.

"고올과 스페인을 치겠다."

왕이 대답했다.

"그다음에는요?"

"아프리카를 정복하러 가겠다. 그리고 마지막에는 세계를 정복하여 내 영토로 만들겠다."

"또 그다음에는요?"

"만족하고 편안하게 살겠다."

이에 키네아스가 진지한 태도로 말했다.

"그게 소원이라면 어찌하여 대왕께서는 지금 당장 그렇게 편히 살려고 하지 않으십니까? 왜 공연한 수고와 위험을 무릅쓰려고 하십니까?"

상대를 협박하면 오히려 상대방은 조심하게 되고, 모욕하면 격분하게 된다. 이러한 행위는 상대방의 힘을 약화시키기는커녕 오히려 강화시키는 결과가 되고 만다.

아미다 성을 공격하다 지친 페르시아의 가바네 장군이 군대를 철수시키려고 할 때였다. 성 안의 군사가 성벽 위에 서서 온갖 욕설을 다 퍼부으며 페르시아군을 비웃었다.

"이 비겁한 겁쟁이 놈들아, 어디로 달아나려 하느냐!"

이에 가바네 장군은 열화와 같이 격분하여 급히 되돌아와 순식간에 아미다 성을 함락시켜 버렸다.

세자르 보르지아는 프랑스계의 당보아즈와 베네치아계의 율리아노 두 교황 후보자 중 율리아노를 지지했다. 율리아노는 평소에 세자르에게 불안과 공포의 대상이었지만, 선거 대책상 좋은 미끼를 내걸고 세자르에게 지지를 호소했다.

세자르가 보통의 상태였다면 당연히 거부했겠지만, 당시 그는 부친의 죽음으로 슬픔과 독주毒酒에 따른 심신 쇠약으로 정상적인 판단력을 잃고 있었다. 따라서 쉽게 율리아노를 지지하기로 했다.

그리하여 교황에 당선된 율리아노는 언제 그랬느냐는 듯이 일변하여 즉시 세자르를 숙청하고 말았다.

상대를 노엽게 만들면 일을 그르친다.

자기를 낮추어 상대를 오만하게 만들라.

4장

적도 움직이는
용인술

병법兵法은 고대 중국의 춘추전국시대에 발달한 '전쟁의 철학'이다.
전쟁의 요체는 적이든 자기편이든 사람을 움직이는 방법
– 즉, 용인술用人術에 있다.
사람을 잘 움직여야 전쟁에서 이길 수 있기 때문이다.

민심을 얻어
이익을 얻는다

"상대를 움직이려면 상대가 움직이도록 유도해야 한다. 그러한 상황을 만들어 주면 상대는 스스로 움직이게 된다. 상대에게 미끼를 던지고 그것을 물 때까지 이쪽은 준비를 해놓고 기다리면 된다."

'손자병법' 병세편兵勢篇에 있는 말이다. 이것이 이른바 '시형示形의 술術로서, '형(形 : 상황)'을 제시하고 사람을 움직이는 법인데, 이 원격 조종이야말로 '병법의 핵심'이다.

기원전 5세기 중엽까지 오늘의 산서성山西省 일대를 지배하고 있던 진晉이라는 나라가 있었다. 2개의 큰 산맥이 가로지르는 산

악 국가로서, 옛날부터 '산세가 기구하다'고 형용할 만큼 교통이 불편한 지역이다.

그 서북쪽에는 지금으로 말하면 소수 민족, 그 당시로는 이적夷狄의 나라가 많이 흩어져 있었는데, 그중에서도 구유仇由라는 나라는 아주 강한 나라였다.

진나라의 지백智伯은 이 구유국을 치기로 작정했으나, 그 나라로 통하는 길은 사람이 겨우 걸어갈 수 있는 정도의 지독한 험로였다.

그 당시 중국의 선진 제후국에서는 말이 끄는 전거戰車가 전쟁의 주무기였다. 그런데 이렇게 협착한 산길로는 정예를 자랑하는 지백의 군사도 전거를 통과시킬 수가 없었다. 그렇다고 상대의 나라를 쳐들어가면서, 그 나라에 대해서 길을 넓혀 달라고 할 수도 없는 일이었다.

지백은 한 가지 묘안을 생각해 냈다. 즉, 거대한 종鐘을 만들어 구유국에 선물하는 것이었다. 종은 당시의 중국에서는 일종의 악기로 사용되었다.

지백의 사자로부터 이 소식을 들은 구유왕은 크게 기뻐했으나, 국경에서 서울까지 그 종을 운반하는 것이 문제였다. 그리하여 구유왕은 서둘러 산길의 폭을 넓히는 공사를 시작했다. 구유국에서는 엄청난 물자와 부역을 동원하여 마침내 좁은 산길을 쉽게 수레가 지나갈 수 있도록 개수하였다.

그 준공을 기다리고 있던 지백은 때가 이르자 대군을 출동시켜 단번에 구유국을 멸망시키고 말았다.

이 고사는 단순히 속임수를 써서 적을 속였다는 정도로 해석할 것이 아니라, 사람을 움직이는 기본 원리에 초점을 맞추어야 한다. 즉, 상대를 꿰뚫어 보고 이쪽의 의도하는 방향으로 나아가게 하는 원리이다.

지백은 구유국에 대해서 명령을 하거나 강요하지 않았다. 그럼에도 상대방은 기꺼이 자발적으로 지백이 원하는 대로 움직여 준 것이다. 말하자면 동기를 유발한 것이다.

동기에 대한 연구가 발전할수록 여러 가지 다른 문제가 밝혀졌다. 가령 요즘 사람들 행동의 최대 동기는 돈에 있다고 하지만, 반드시 그렇지만도 않다는 것이다.

하긴 10만 원의 채권 채무 문제가 급기야는 몇백만 원의 소송 비용을 써 가면서 시비를 계속하는 일도 있으니 말이다.

미국의 심리학자 A. H. 매슬로는 '동기'의 연구로 유명한데, 그는 인간의 기본적인 욕구를 다음과 같이 다섯 가지로 나누고 있다.

우선 무엇보다도 가장 강한 욕구가 ① 생리적 욕구이다. 이것이 어느 정도 충족되면 다음은 ② 안전과 안정을 바라는 욕구이다. 그다음 순서는 ③ 집단의 한 사람으로서 수용 받고 싶은 욕구이고 ④ 주위에서 존경받고 싶은 욕구이며 끝으로 ⑤ 자기표현의 욕구라는 것이다. 이런 것들이 얽히고설켜서 동기가 되고 행동을 일으킨다.

한비자도 이미 2,300년 전에 동기 작동에 관한 그의 견해를 피력하고 있다. 그는 군주로서 백성의 동기 작동을 위해서 ① 이익 ② 권위 ③ 이상理想의 세 가지를 들었다. 백성은 이 세 가지의 욕구로 움직여진다고 믿었던 것이다.

즉, 이익으로 민심을 끌고, 권위로써 명령을 따르게 하고, 이상(대의명분)으로 이끌어 나간다.

이 세 가지가 기본이면 그 밖에는 모두 부수적이라고 그는 설파했던 것이다.

자연의 이치에 따라서 하면 노력을 덜 하고 사람을 움직일 수 있다. (한비자)

어떤 사람이 무거운 수레를 끌고 태고교太鼓橋를 건너려고 했으나, 다리의 경사가 하도 급해서 도무지 올라갈 수가 없었다.

그는 수레의 손잡이에 걸터앉아서 노래를 부르기 시작했다. 그러자 지나가는 사람들이 모여들어 뒤에서 밀고 앞에서 끌고 하여 수레는 쉽게 다리를 건널 수 있었다.

천하를 다스리는 데는 반드시 인간의 심리에 근거를 두어야 한다. (한비자)

고래로 통솔자들은 부하의 '인심 장악'에 비상한 노력을 기울여 왔다. 현대에서도 '장長'이라는 직책이 붙은 사람들의 고심은 3,000년 전의 옛날과 별로 다르지 않다.

현대는 옛날과 달라, 명령 하나만으로 되지 않아 "여보게 어때, 잘 되어 가는가?"라고 부하의 어깨를 한번 두드리는 일에서부터 비상금을 털어서 대폿집으로 데리고 가는 일까지 온갖 노력을 한다.

그렇다고 어깨를 친다거나 술을 사준다고 다 되는 것은 아니다. 진정으로 상대의 마음을 포착하는 것이 아니어서는 '동기'를 만들기에는 부족하다. 말하자면 기술만으로는 상대의 마음을 잡을 수 없다는 것이다.

전진前秦 때의 일이다. 대신 왕맹王猛은 지금까지 황좌의 주변에서 많은 정적을 요리하며 유능한 책사로 일하다가, 시평始平이라는 지방의 일선 행정을 맡게 되었다.

그는 젊을 때 가난 속에서 시국과 민심의 대세를 보던 안목으로 시평에 부임하자 곧 법령을 분명히 하고 형벌을 엄중히 다스려 호족의 횡포와 난동을 막았다.

그리고 악질의 하급 관리 한 사람을 매로 쳐 죽여 기강을 바로잡는 본보기로 삼기도 했다.

왕맹이 이 관리를 죽인 일은 곧 다른 사람들이 전진왕 부견에게 상소하는 바가 되었다. 부견은 상소를 받아들여 왕맹을 잡아오도록 명하고, 스스로 왕맹을 국문했다.

"정치라는 것은 덕화德化를 우선시켜야 하는 법이거늘, 그대는 어찌하여 임지에 가자마자 함부로 사람을 죽이기를 일삼는단 말이냐, 치자治者로서 지나치게 잔학한 일이 아닌가?"

그러자 왕맹이 대답했다.

"안정된 나라를 다스릴 때는 예禮로써 행하고, 혼란한 나라를 다스릴 때는 법으로써 행한다고 들었습니다. 대왕께서 신을 몹시 어지러운 지방의 방백으로 임명하였으므로 신은 흉악한 자를 제거하기 위해 우선 한 사람을 그 본보기로 죽였을 따름이오나 어찌 흉악범이 그 한둘에 그치겠습니까. 만일, 신이 난폭한 자를 근절하지 못하고 법령을 명확히 하지 못했다고 하신다면, 기꺼이 형을 받아 명을 어긴 죄를 사죄하겠습니다."

부견은 그 말을 듣고 크게 고개를 끄덕이며 오히려 왕맹의 벼슬을 높여 주었다.

상대방의 마음을
감동시킨다

제나라의 재상 맹상군孟嘗君은 찾아온 사람과 얘기를 나누면서 슬쩍 상대의 부모 형제에 관한 메모를 해 두었다가 당사자에게 말도 없이 그 부모 형제에게 선물을 보냈다고 한다. 나중에 그 사실을 알게 된 당사자는 감격하여 모두 맹상군을 따르게 된 것은 말할 나위도 없다.

또 위魏나라의 장군 오기吳起는 부하를 아끼고 사랑하기로 유명했는데, 진중에서 종기를 앓고 있는 병사의 고름을 직접 자기의 입으로 빨아 주었다. 동료 병사들이 그 소식을 집에 있는 노모에게 전해 주자 노모는 도리어 눈물을 흘리며 탄식했다.

"그 아이가 죽을 날이 머지않았구나."

"..."

이 말을 들은 동료 병사들이 영문을 몰라 어리둥절하자 노모
는 깊은 한숨을 쉬며 말했다.

"그 아이의 아버지도 오 장군의 은혜를 입고 싸움터에 나가 목
숨을 돌보지 않고 싸우다가 죽었는데, 이제 그 아이도 그렇듯 오
장군의 은혜를 입었으니 어찌 살아서 돌아오기를 바라겠소."

과연 그 병사는 싸움터에서 용감하게 싸우다 장렬하게 전사
했다.

"오나라와 월나라는 비록 서로 원수 간이지만 양국의 사람이
같은 배에 타고 폭풍을 만나서 배가 위태로워지면, 좌우의 손과
같이 서로 돕게 될 것이다."

병법의 대가 손자가 한 말이다.

오나라는 지금 소주蘇州 부근에 있었고, 월나라는 그 남쪽 항주
만에 연한 소흥紹興 부근에 있던 나라이다. 기원전 6, 7세기 이른
바 춘추 시대에 두 나라는 서로 사투를 거듭한 관계로 '오월吳越'
이란 말은 상극·대립의 대명사가 되었다.

이렇게 서로 원수 간이라도 공동의 위기에 처하게 되면 협력

한다는 고사에서 더 나아가, 일부러 그러한 위기 상황에 몰아넣어 협력관계를 조성하는 전술을 '오월동주吳越同舟의 계략'이라고 일컫는다.

이 '오월동주의 계략과 비슷한 난세의 돌파술에 '배수의 진'이라는 것이 있는데, 병법에서는 극히 꺼리는 진법이다. 그것은 뒤로 물을 등지고 있어서 후퇴의 여지가 없기 때문이다.

그런데 한漢나라의 명장 한신韓信은 초나라의 대군과 싸울 때 이 배수진으로 대승을 거두었다. 그것도 1만 명의 적은 군사로 20만 명의 적을 섬멸한 미증유의 대승이었다.

초나라 군사는 처음에 한신의 무모한 포진을 보고 비웃기도 했으나, 스스로 탈출로가 차단된 한군의 결사적인 분전으로 초나라 군사는 마침내 대패를 당하고 말았다.

싸움이 끝난 후 궁금하게 생각한 부하 장수들이 한신에게 물었다.

"병법에 이런 것도 있습니까?"

한신이 웃으며 대답했다.

"그것은 병법에 엄연히 있는 것이지만 그대들이 찾지 못했을 뿐이오. '손자'에 보면 '궁지에 몰려야만 비로소 활로가 열린다'라고 하지 않았소. 이번 싸움에 참가한 우리 군사는 갑자기 편성

되어서 제대로 훈련도 안 된 오합지졸에 불과했소. 그러니 쉬운 곳에서 싸움을 벌이면 아마도 모두 도망치고 말았을 것이오. 하지만 궁지에 몰렸기 때문에 스스로 사력을 다하여 싸울 수밖에 없었고, 그래서 승리를 거둔 것이오."

죽음을 각오하면 살고 살려고 하면 죽는다. (오자·치병治兵편)

오기吳起가 초나라에 발탁되기 전, 위나라의 무후武候를 섬기고 있을 때의 일이다. 이웃 나라인 진秦나라가 50만 대군을 이끌고 쳐들어온다는 급보가 들어왔다.

위나라와 진나라는 항상 충돌을 거듭해 왔으나 이번 사태는 심상치 않았다. 위왕은 당황하여 오기를 임지인 서하西河에서 급히 불러들이고 말했다.

"장군, 지금 우리나라에는 50만의 대군과 싸울 군사가 없으니 큰일이오."

오기가 침착하게 대답했다.

"50만쯤은 놀라실 것 없습니다. 우리 군사 5만 명만 있으면 충분합니다. 다만 지금까지 별로 공적이 없던 사람으로 모아 주십시오."

'공이 있는 자'가 아니라 '공이 없는 자'가 좋다고 한다.

위나라에서는 평소 오기의 건의에 따라 공적 평가를 엄격하게 하고 있었다.

가령 싸움이 끝난 후에 연석을 베풀면 사대부들을 세 줄로 나누어, 신분과 관계없이 맨 앞줄에는 최고의 공격자를, 다음은 중간치를 앉히고, 공적이 없는 자는 맨 뒷줄에 앉혀서 술상과 음식 그릇까지도 차별을 두었던 것이다.

그렇기에 이러한 오기의 말은 너무도 뜻밖이어서 위왕은 자신의 귀를 의심했다. '도대체 그따위 공적도 없는 자들을 모아서 어찌하겠다는 것인가?'

그러나 오기가 노리는 것은 지금까지 아무에게도 평가를 받지 못한 사람의 굴욕감을 역이용하자는 것이었다.

"필경 그들은 사력을 다할 것입니다. 불명예와 수치를 설욕하겠다는 5만의 군사는 능히 50만의 적군을 물리칠 수 있을 것입니다."

위왕은 고개를 끄떡이며 5만 군사를 내주며 출진하게 했다. 과연 오기는 50만의 진군秦軍을 크게 격파하였다.

사실 오기 자신도 그 무렵 다소 불우한 처지에 밀려 있어서 그 자신의 심정과 행동이 바로 이러한 심리를 이용한 것이 아닌가

하는 분석도 있다.

어떻든 '배수진'은 사람의 능력을 최고도로 발휘할 수 있게 하는 책술이지만, 역학전으로 보면 압축된 에너지의 폭발력을 이용하는 것이라고 할 수 있다.

'쥐도 달아날 구멍을 보고 쫓아라'라는 말이 있듯이, 막다른 골목에 몰리면 사람이나 짐승은 폭발적인 힘을 갖게 된다. 이를 거꾸로 말하면 '막다른 골목에 적을 몰지 말라'는 역설이 성립되는 것이다.

대세를 유리하게
조성한다

명장은 개개인의 능력보다는 세력의 힘을 중시하고, 그 세력
에 의하여 전체를 움직인다. (손자 : 병세兵勢편)

어떤 조직이나 집단에도 소수의 이질 분자와 반대파가 있기
마련이다. 그런데 그러한 이질 분자의 존재에 대해 지나치게 집
착하여 그 처리에만 골몰하다 보면, 전체의 움직임이 정지되거
나 흔들리고 만다.

그보다는 아예 이질 분자의 존재는 무시해 버리고, 전체의 대
세를 유리하게 조성해 나가는 것이 중요하다. 어떤 집단에 기세

가 오르고, 한 가지 방향으로 격하게 움직이게 되면 소수는 다수에 휩쓸려 힘을 쓰지 못하게 되는 법이다. 전투의 경우에도 누구나 죽음을 두려워하지만, 일단 부대의 행동에 기세가 오르게 되면 죽음에 대한 공포심은 희박해지고 비겁자도 용사가 된다.

중국의 삼국 시대 때의 일이다. 적벽대전의 전초전이라 할 수 있는 당양 장판파 싸움에서 조조는 80만 대군을 휘몰아 열세에 몰린 유비군을 맹렬하게 추격하고 있었다.

그때 장비張飛가 불과 5백 군을 거느리고 장판파를 지키고 있었다. 정신없이 유비군을 추격하고 있던 조조의 80만 대군이 흠칫 그 자리에 멈추어 섰다. 상대는 다른 사람 아닌 바로 천하의 맹장 장비가 아닌가. 장비는 장팔사모 꼬나잡고 적진을 향해 대갈일성했다.

"장비가 예 있다! 죽고 싶은 자는 썩 앞으로 나와라!"

장비의 우레 같은 호통 소리에 혼비백산한 조조 진영의 하후혜라는 장수가 그만 말에서 뚝 떨어지며 그대로 죽어 버렸다. 이를 본 조조는 모골이 송연하여 자기도 모르게 말머리를 돌렸다. 그러자 조조의 80만 대군은 일제히 썰물이 지듯 달아나고 말았다.

이것은 장비의 5백 군사가 능히 조조의 80만 대군을 쫓았다

기보다는 대세의 '흐름'이 무서운 힘을 가진다는 것이다. 손자도 말했듯이 '격류가 암석도 뜨게 하는 것'은 바로 흐름인 것이다.

시기 선택의
중요함을 인지하라

"불을 댕기려면 가장 적합한 시간을 택해야 한다. 말하자면 공기가 건조할 때가 바로 그때이다."

이 말은 '손자병법'에 있는 화공술火攻術의 한 대목이다. 사람의 마음에 불을 지르는 경우도 이와 마찬가지이다. 즉, 일을 시작하는 동기와 시기에 따라서 상대의 반응은 전혀 달라진다.

상대의 마음이 발화하기 쉬운 상태에 있을 때는 조금만 자극해도 불타오를 수가 있다. 반대로 발화하기 어려운 상태에 있을 때는 아무리 불을 댕기려고 해도 불은 타오르지 않는다.

초왕의 총신으로 단蠆이라는 자가 있었다. 그는 별다른 공로도 없고 특별히 용모가 뛰어난 것도 아닌데, 그에게는 사람을 끄는 힘이 있어 높은 지위에 올라 있었다.

어느 날 그에게 강을江乙이라는 책사가 찾아와 이런 충고를 했다.

"물질을 매개로 한 교제는 그 물질이 없어지면 끝장이 나고, 색향色香으로 맺어진 사이는 꽃이 시들면 인연도 끊어집니다. 애첩이든 총신이든 인간의 관계란 참으로 허무한 것이 아닐 수 없습니다. 대감께서는 지금 비록 권세를 누리고 있습니다만, 한번 왕의 마음이 변하고 보면 모든 것이 끝장나고 말 것입니다. 그러니 왕과의 결합을 더욱 돈독히 해 두십시오."

"으흠, 그럼 어떻게 하면 좋겠소?"

단이 묻자 강을이 대답했다.

"만약에 왕이 승하한다면 대감께서도 같이 순사殉死하겠다고 미리 왕에게 말하십시오. 그렇게 한다면 절대 염려가 없을 것입니다."

"옳은 말씀이오, 내가 그 말을 명심하겠소."

단은 이렇게 대답은 했으나 3년이 지나도록 왕에게 그 말을 한 분치가 보이지 않았다. 참다못해 강을이 하루는 단에게 말했다.

"대감을 위해서 말씀드렸는데 별로 도움이 되지 못한 것 같군요. 나 같은 사람이 말하니, 아마도 소용이 없나 봅니다."

이렇게 숨김없이 그대로 불평을 털어놓자 단이 웃으면서 대답했다.

"결코 그대의 가르침을 소홀히 한 것이 아니오. 아직 마땅한 기회를 잡지 못했을 뿐이오."

그런 일이 있은 지 얼마 후 초왕이 운몽雲夢에서 사냥을 하게 되었다. 지금의 무한武漢 근교 지역으로, 양쯔강과 한수漢水가 합치는 곳이라 크고 작은 호수가 많은 절경지였다.

네 필 말이 이끄는 마차를 타고 운몽에 도착한 왕은 눈같이 흰 백마를 높이 타고 사냥을 시작했다. 왕은 마침 큰 들소를 쏘아 맞히자 한껏 기분이 좋아서 말했다.

"정말 아름다운 경치에 유쾌한 사냥이로군, 그러나 저승에 가서도 이러한 즐거움이 있을까?"

바로 그때 측근에 있던 단이 짐짓 눈물을 흘리면서 말했다.

"소신은 오늘날까지 대왕을 곁에서 받들어 모셨습니다. 비록 저승이라도 반드시 함께 가서 대왕의 사냥 시중을 들겠습니다."

초왕은 그 말을 듣고 크게 기뻐하며, 즉시 그에게 영지를 나누어 주고 안릉군安陵君으로 봉하였다. 이것은 모사를 잘 꾸미는 강을과 그 시기를 잘 아는 단의 합작품이라고 할 수 있다.

유방留防이 토벌 작전에서 얻은 상처로 죽고 태자 효혜孝惠가 제위에 오르자 왕비 여후呂后는 마침내 유방의 총비 척부인戚夫人에 대한 질투의 보복을 시작했다.

그녀는 먼저 척부인을 옥에 가둔 다음, 그녀의 어린 아들 조왕趙王을 술에 독약을 타서 죽여버렸다.

이어서 여후는 유방이 살아 있을 때, 척부인이 태자를 폐위시키고 조왕을 태자의 자리에 앉히게 하려 한 음모를 생각해 내고, 척부인을 옥에서 끌어내어 손과 발을 잘랐다. 다음에는 코를 도려내고 눈알과 혀를 뽑은 다음, 돼지우리에 집어넣어 죽게 했다.

옛날 궁중 사회나 나라의 법 중에는 반역자나 범법자에 대해서 가혹한 형벌이 많았지만, 여후의 이 같은 보복은 그 심리를 분석하면 일종의 사디즘 같은 변태성도 없지 않다.

그러나 여후가 이처럼 무자비한 수단을 행사한 것은 화근이 될 만한 것을 사전에 뿌리 뽑고, 혹시 일어날지도 모르는 여러 제후의 반란에 대한 경고의 의미도 있었다.

정나라의 재상 자산子産이 병으로 몸져누워 죽음을 눈앞에 두고 있었다. 그 무렵 자기의 후임 재상으로 많은 사람이 조정에 드나들었는데, 어느 날 자산은 많은 문병객 중에서 유길遊吉이라는 자를 불러 유언했다.

"내가 죽으면 그대가 재상의 지위에 오를 것이오. 그렇게 되거든 백성에게 엄격한 치정治政을 펴기 바라오. 대체로 불[火]이라는 것은 격렬해서 사람들은 감히 접근하기를 두려워하오. 그래서 오히려 불에 타거나 상하는 사람이 적은 것이오. 그러나 물[水]은 부드럽고 온화한 것 같아서 사람들이 겁 없이 접근하다가 빠져 죽거나 해를 입는 자가 많은 것이오. 바라건대, 귀공은 그 온건 유화 정책에 백성이 빠지지 않도록 해 주기 바라오."

자신이 죽고 나자 과연 유길이 재상이 되었다. 그러나 그는 자산의 유언과는 정반대로, 백성을 연민의 정으로 대하고, 중벌을 가하는 것을 피하며, 온정을 베푸는 유화 정책을 폈다.

그러나 그의 이러한 치정이 계속되자, 정나라의 젊은이들은 무리를 지어 도적질하기 시작했다. 좀도둑·들치기·강도질, 심지어는 죄 없는 사람을 죽이고, 볼모잡이에다 나중에는 국가의 곡물 창고를 터는 등 그야말로 무법천지가 되었다. 그 세력은 날로 커져서, 마침내 나라의 존립마저 위협하게 되었다.

유길은 하는 수 없이 몸소 군사를 이끌고 그들의 근거지를 습격하여 하룻밤 하룻낮의 혈투를 벌인 끝에 겨우 도적 떼 소굴을 진압했다.

그러나 이 싸움으로 볼모가 된 피랍사마저 함께 죽이게 되고, 자기 휘하의 군사도 큰 피해를 보았다. 비록 도적 떼를 진압했으나 유길은 자기의 불명^{不明}을 크게 뉘우치고 길이 탄식했다.

"아, 내가 좀 더 일찍 그분의 유언을 실행했더라면 이런 일이 일어나지 않았을 텐데…."

이 말을 전해 들은 공자는 다음과 같이 말했다고 한다.

"바로 그것일세. 정치가 관대하면 국민은 느슨해지고, 그것이 심하면 이를 교정해야 한다. 그러나 지나치게 맹렬하면 국민은 잔혹해지고, 그렇게 되면 과대한 정치를 해야 한다. 그러므로 양쪽을 서로 보충하는 정치의 조화가 중요하다. 자산이야말로 옛 성현의 참다운 사랑을 아는 사람이라고 하겠다."

함정에
걸려들게 한다

소진蘇秦이 천하의 제후국들을 찾아다니며 강국 진秦나라에 대항하기 위한 합종 동맹을 추진하고 있을 때였다. 그가 마지막으로 다다른 곳은 제나라였다.

제나라는 오늘의 산둥성 일대에 해당하는 곳으로, 해산물 등 온갖 물산이 많은 풍족한 대국이었다.

여기서 소진은 '객경客卿'이라는 귀빈 대우를 받고 있었는데, 그 당시는 오늘보다도 인재 교류가 자유로워서 타국인이라도 높은 지위에 앉을 수 있었고, 또 다른 나라의 재상을 겸할 수도 있던 때였다.

여러 나라의 내정에 밝을 뿐만 아니라 외교술에 정통한 소진은 쉽게 제왕의 마음을 사로잡아, 매사에 상담을 맡게 되었다. 그러나 제나라의 고관들은 이를 못마땅하게 여기고 소진을 미워하게 되었다.

어느 날 소진은 괴한의 습격을 받고 치명적인 중상을 입게 되었다. 그를 시기한 누군가의 소행이라는 추측은 했으나 범인은 오리무중이었다.

소진의 상처는 점점 악화되어, 운명의 시간이 다가오고 있었다. 병 위문을 온 제왕에게 임종을 눈앞에 둔 소진이 말했다.

"저에게 범인을 찾아낼 방법이 있습니다. 대왕께서 나라의 죄인을 잡아 저의 한을 풀어주시겠습니까?"

"물론이오. 그 방법을 말해보오."

"그럼 제가 죽거든 '소진은 연나라의 첩자였다는 것이 판명되었다'고 포고하여 주십시오. 그와 동시에 저의 머리를 베어 저잣거리에 효수하시고 시체는 찢어서 강에다 버리십시오. 그렇게 하면 반드시 범인을 잡을 수가 있을 것입니다."

얼마 후에 소진이 죽고, 제왕이 그의 유언대로 하자 과연 범인이 자진해서 나타났다. 범인은 연나라의 첩자를 해친 자기에게 큰 상을 내릴 것을 기대했던 것이다.

제왕이 즉각 그를 잡아서 처형했음은 물론이다. 이것은 소진이 죽은 후에도 남을 움직여 범인을 잡는 술수의 한 방법이다(물론 역사의 후일담에는 소진이 정말 연나라의 첩자였다는 일설도 있지만, 어쨌든 자기의 원수를 잡아서 보복한 것만은 사실이다).

소진이 살았을 때 고관의 시기를 미리 방지할 수 없었다는 것은 천려일실天慮一失이라 아니할 수 없다. 소진 같은 권모술수의 대가도 암살을 면치 못하고 비명횡사한 것을 보면, 사람은 모름지기 덕을 쌓아야 할 것이다.

진秦나라 말기에 세상이 어지러워지자 장안성 남쪽의 상산商山에 은거한 당선명唐宣明·최광崔廣·주술周術·기리계綺里季를 가리켜 '사호四皓'라 했다.

이들 상산 사호가 한나라 황실의 초청을 받고 출사를 할지 말지 망설이고 있었는데, 그때는 한나라 황실이 후계자 문제를 놓고 매우 미묘한 기류에 빠져 있을 때였다.

한 고조 유방의 왕비 여후呂后는 1남 1녀를 낳았는데, 아들은 유영劉盈이라 했고 딸은 노원공주魯元公主라 했다. 이 외에도 여덟 명의 자식이 따로 있었는데, 그중 유여의劉如意는 척戚부인의 소생이었다.

산둥성은 음양오행으로 따져 수토^{水土}가 뛰어나 성인군자뿐만 아니라 가인이 많기로 유명한 고장인데, 유방이 항우와 싸울 때 정도현에서 척부인을 만나 유어의를 얻은 것이었다.

그러다 나중에 유영이 황태자가 되고 황후 자리는 여후에게 빼앗겼지만, 척부인은 조금도 포기하지 않고 기회가 있을 때마다 늙은 남편 유방에게 하소연했다.

"폐하께서 연로하시어 갑자기 쓰러져 일어나지 못한다면, 우리 모자는 장차 누구를 의지하고 삽니까? 여후와 그의 아들은 틀림없이 우리 모자를 죽이고 말 것입니다."

유방이 곰곰이 생각해 보니 참으로 일리 있는 말이었다. 표독스러운 여후가 자신이 죽은 후 어떻게 나올지는 뻔한 노릇이었다. 유방은 마침내 유여의를 조왕에 봉한 다음, 그를 태자로 세우고 싶다는 말을 했다. 문무백관들이 대경실색하여 갈피를 잡지 못하고 있을 때 주창^{周昌}이 부복하며 아뢰었다.

"폐…하…그렇…게…하시…면…안됩…니…다."

살기등등한 긴장감이 감도는 어전에 불쑥 튀어나와 더듬더듬 불가^{不可}함을 상주하는 주창의 말에 유방을 비롯한 대소 신료들은 웃음을 터뜨렸다.

그러는 사이에 태자 유영의 폐위 문제는 뒷전으로 미루어졌지만, 언젠가는 터질 시한폭탄이나 다름없었다. 위기에 몰린 여후는 동생 여석지呂釋之를 책사 장량張良에게 보내어 묘책을 듣도록 했다.

"황제는 처음 곤경에 처했을 때에는 내 말을 들었지만, 지금 천하는 통일되고 태자 문제는 황제 폐하의 개인적인 문제인 것이니, 이는 내가 나설 바가 아니오. 다만⋯."

여석지는 마른 침을 꿀꺽 삼키며 장량의 다음 말을 기다렸다.

"모든 사람이 아첨하기에 여념이 없을 때 네 명의 사호만이 황제 폐하에게 순종하지 않고 아직 상산에 숨어 있소. 언젠가 그들 네 노인을 황제께서 찾으신 적이 있었지만, 그들은 아직 산에서 내려오지 않고 있소. 이제 많은 금백金帛과 황태자의 친필로 정중한 편지를 쓰게 하여 보낸다면, 그들 네 노인이 오게 될 것이오. 이것을 황제께서 아신다면 폐위 문제는 자연 거론치 않게 될 것이오."

장량이 예상했던 대로 황태자의 친필과 많은 금백을 받은 상산 사호는 마침내 하산하여 태자 유영의 처소에 머물러 있었다. 그때 안후이성 수현이 주둔하고 있던 회남왕 영포英布가 반란을 일으켰다.

그 무렵 마침 유방이 와병 중이어서 태자인 유영이 반란군의 진압에 나서게 되었다. 그러자 상산 사호가 여석지를 찾아가 말했다.

"지금 대세를 살펴보건대 태자께서 출병하셔서는 아니 됩니다."

"그것은 무슨 까닭입니까?"

"이번 싸움에 태자께서 대승을 거둔다 한들 무슨 큰 이득이 있겠소. 그러나 만약에 태자께서 싸움에 지는 날에는 그것을 빌미삼아 태자는 보위에서 쫓겨날지도 모를 일이오. 그때 가서 후회하지 말고 미리 대비책을 세워야 할 것이오."

여석지는 서둘러 여후를 찾아가 상산 사호의 말을 전했고, 여후는 곧장 유방을 찾아가 한숨 섞인 목소리로 말했다.

"반란을 일으킨 영포는 천하의 맹장이며 용병술에 뛰어난 사람입니다. 그런데 이곳에 있는 장군들은 모두 당신과 고락을 함께 한 사람들입니다. 비록 유영에게 통솔권이 있다 한들 그들이 어찌 기꺼이 따르려 하겠습니까. 그러니 병중이라 불편하시더라도 연차輦車에 누워 명령만 내리시면 장군들이 전력을 다해 싸울 것이니, 당신이 좀 다녀오십시오."

유방은 혀를 끌끌 차며 연차를 타고 친히 출정하여 영포의 반란군을 소탕하고 개선했다. 그런데 장안으로 돌아온 날부터 다시 병세가 악화되자, 유방이 황태자 폐위 문제를 확정 짓기 위해 어전에 나갔다. 그때 유영의 등 뒤에 서 있는 네 명의 백발노인을 보고 이상히 여겨 물었다.

"저기 수염이 허연 자들은 누구냐?"

"상산 사호입니다."

유방이 깜짝 놀라 반문했다.

"아니, 내가 부를 때는 한사코 거절하더니 내 아들에게는 고분고분한 이유가 무엇이더냐?"

그러자 상산 사호가 이구동성으로 말했다.

"폐하께서는 너무 사람을 얕보시기에 저희는 뵙기를 거절했으나, 태자께서는 효성심과 충성심이 강하여 저희는 목숨을 바쳐서라도 태자를 도울까 합니다."

유방은 태자와 사호가 물러갈 때까지 멍하니 그들의 뒷모습을 바라보고 있다가 척부인의 처소로 돌아와 힘없이 말했다.

"본시 나는 태자의 무능함을 알고 이를 폐위시키려 했으나 상산 사호가 그를 날개처럼 돕고 있으니 어떻게 할 수가 없구려. 이 모두가 하늘이 정한 운명이니 이제 여후는 당신의 주인이 될 것이오."

유방의 말에 척부인은 눈물을 흘렸으나 이미 기울어진 대세를

어찌할 수는 없었다. 그 후 유방이 죽자 척부인이 여후로부터 무
자비한 보복을 당하고 참혹하게 죽었음은 이미 앞에서 말한 바
와 같다.

자신을 믿고
행동한다

전국 시대 노나라의 대신 맹손孟孫이 사냥을 나가서 새끼노루를 생포했다. 그는 그것을 수하의 진서파秦西巴에게 맡기면서, 수레에 실어서 객관으로 가지고 가게 했다.

그런데 도중에 언제 따라왔는지 어미 노루가 수레의 뒤를 따라오며 듣기에도 처량한 목소리로 울부짖었다. 원래 노루란 놈은 어미가 새끼를 잃으면 한사코 따라잡는 모정이 강한 동물이다.

진서파는 하도 보기에 딱하여 새끼노루를 놓아주며 그 어미 노루와 함께 가도록 해 주었다.

이윽고 객관으로 돌아온 맹손이 진서파를 불러, 자기가 잡은 새끼노루를 가지고 오라고 했다. 진서파는 부득이 사실대로 고했다.

"어미 노루가 따라오며 하도 슬프게 울길래 그만 놓아주었습니다."

맹손은 그의 말을 듣고,

"설사 아무리 그렇다손치더라도 상관의 말을 어긴 죄를 용서할 수 없다."

하고 그를 내쫓고 말았다.

그러나 그 후 진서파는 다시 부름을 받고 이번에는 맹손의 자식을 돌보는 일을 맡게 되었다. 맹손의 측근이 이를 보고 궁금해서 물었다.

"앞서는 명령을 어기고 제멋대로 새끼노루를 놓아주었다고 해서 내쫓으시더니, 이번에는 다시 그를 불러서 어린아이들을 맡게 하신 것은 무슨 까닭입니까?"

맹손이 웃으면서 측근에게 대답했다.

"새끼노루를 불쌍히 여길 정도라면 나의 어린아이들도 잘 돌봐줄 것이 틀림없지 않은가."

사람을 쓰는 데 그 묘리를 아는 맹손의 용인술用人術은 매우 교훈적이라 아니할 수 없다.

베티우스 메시우스가 인솔하는 벨스키군은 로마군의 진지 공격에 열중하고 있는 동안에 반대로 완전히 포위된 것을 깨달았다. 앉아서 죽음을 기다리느냐 아니면 격돌하여 죽음 속에서 살 길을 찾느냐 하는 양자택일의 갈림길에 몰렸다.

이때 메시우스가 분연히 진두에 나서 외쳤다.

"나를 따르라! 이제는 방책防柵도 성벽도 아무 소용이 없다. 믿는 것은 힘뿐이다. 적에게 몸을 던져라!"

일찍이 티투스 리비우스가 말한 '최후 최상의 무기'를 잘 활용함으로써 메시우스는 위기를 면할 수 있었다.

이와는 정반대되는 때도 있다. 명장 만리우스가 거느리는 강력한 로마군은 웨이군을 포위하여 절체절명의 궁지로 몰아넣었다. 그러자 퇴로가 없음을 깨달은 웨이군이 필사적으로 싸워 오히려 만리우스는 목숨을 잃고 말았다.

만일 이때 한 호민관이 기지를 발휘하여 웨이군의 탈출로를 열어주지 않았더라면 남은 로마군은 전멸당할 뻔했다.

명장이 지휘하는 비정예 군대와 범장凡將이 지휘하는 정예 군대의 둘 중 어느 쪽이 이기는가는 쉽게 단정할 수 없다. 그러나 명장은 싸우기 전에 군대를 훈련해서 정예로 만든다.

시저는 에스파냐에서 아폴로니우스와 페톨레이우스의 두 정예군을 공격했을 때에는 '장군이 없는 군대와 싸운다'라고 말했고, 테살리아에서 폼페이우스와 싸웠을 때는 '군대기 없는 장군과 싸운다'라고 호언장담하며, 둘 다 모두 격파했다.

명장이 정예군을 만드는 것과 정예군이 명장을 만드는 것 중 어느 쪽이 쉬운가 하면 그 대답은 어렵지 않다.

한 명장이 많은 병졸을 교화시키는 것보다는 많은 훌륭한 병졸이 한 사람을 명장으로 만드는 것이 훨씬 쉬운 일이다. 그러나 이론적으로는 비록 그러하지만, 실제는 그 반대의 경우가 더 많다.

장군과 병사 중 어느 쪽이 중요한가를 논하는 일은 어렵지만, 어느 한쪽이 우수하면 다른 한쪽을 보충하여 훌륭한 군대를 만들 수 있는 것만은 틀림없는 사실이다.

다른 생각의
여지를 주지 말라

군주가 존경을 받으려면 위대한 사업을 하고 뛰어난 능력을 실제로 나타내 보이며 탁월한 인물이라는 평판을 들을 수 있어야 한다.

페르난도 5세는 에스파냐의 국왕이 되자 곧 그라나다를 공격했는데, 이 군사 행동은 국력을 소모하기는커녕 오히려 나라를 강대화시키는 기초가 되었다.

그는 제후들이 국내 문제에 대해 이러쿵저러쿵하기 전에 기선을 제압하여 대외 작전을 개시하고, 그들을 이 군사 행동에 집중시켜 국왕에게 불만을 품을 틈을 주지 않았다. 그뿐만 아니라,

그 사이에 명성을 얻고 국왕으로서의 지배력을 장악했다.

그는 이교도와 싸운다는 명분을 내세워서 로마 교회의 기부금을 군자금으로 쓸 수 있었다. 그리하여 장기진으로 오히려 자기의 군사력을 튼튼히 굳히고, 후일 이것으로 더욱 명성을 높이게 되었다.

그는 다시 대사업을 위해 종교를 이용했다. 1501년 모어인을 종교적인 적으로 돌려 광신적인 잔혹성으로 이베리아반도에서 추방하고 약탈했다. 또 같은 구실로 북아프리카를 정복했으며, 나폴리 왕국을 지배하에 넣고, 프랑스를 공격하여 나바르 왕국을 약탈했다.

이처럼 페르난도 5세는 국가적인 대사업을 하나하나 과감하게 펼쳐 나감으로써 국내의 관심을 그것에 집중시켜, 다른 마음을 품을 여유를 주지 않았다.

로마에서 귀족과 평민 사이의 내분이 심한 것을 본 웨이인은 이때를 이용하여 로마로 쳐들어갔다. 이 소식을 들은 로마는 혼란과 공포의 도가니에 빠졌다.

그러나 웨이군이 온갖 욕설을 퍼부어 로마군을 모욕하고, 이것이 너무 심해서 그때까지 혼란 상태에 있던 로마인은 갑자기

일치단결하여 웨이군을 격파했다.

웨이인은 로마의 내분이 심해지면 심해질수록 싸우는 것을 삼가고 평화적인 공작으로 서서히 로마를 붕괴시키는 방법을 택했어야 옳았다.

카밀루스가 로마군을 거느리고 팔레리 성을 포위 공격할 때의 일이다. 팔레리의 상류 귀족 자제가 공부하고 있는 학원의 한 교사가 로마군의 환심을 사기 위해 성 밖의 실습을 핑계로 학생들을 끌어내 카밀루스에게 인질로 넘겼다.

그러나 카밀루스는 이 인질을 받지 않고 오히려 그 교사를 포박하여 학생들의 손으로 매를 치게 한 다음 성내로 돌려보냈다. 이에 감격한 팔레리 시민은 성문을 열고 로마군에게 항복했다.

이때 만일 카밀루스가 학생들을 인질로 삼거나 죽였다면 팔레리 시민의 격분을 사서 전세는 역전되었을지도 모를 일이다.

아우구스투스 황제가 골르에 왔을 때, 그는 루키우스 킨나가 자기를 제거하려는 음모를 꾸미고 있다는 보고를 받았다. 그날 밤 아우구스투스는 명망 있는 가문의 청년인 대* 폼페이우스의 조카 킨나를 죽여야 한다는 생각으로 불안 속에 몸을 떨었다. 그리고 스스로 한탄하며 혼자 중얼거렸다.

"이게 무슨 꼴이람. 나는 공포와 경악에 빠져 있고, 나를 죽이려는 자는 태연하게 걸어 다니게 둔다는 말이냐? 바다로 육지로, 수많은 전쟁과 내란에서도 죽지 않고 지켜온 내 생명을 그자가 공격하고도 탈 없이 지낼 수 있단 말이냐?"

한동안 그는 잠자코 있다가 더 거친 목소리로 다시 자기 자신을 책망하기 시작했다.

"수많은 사람이 네가 죽어야 한다고 하는데, 너는 왜 살려고 하는가? 너의 복수와 너의 잔인성에는 끝이 없을 것이냐? 네 생명은 그 큰 피해를 다른 사람들에게 끼쳐 가며 보존해 갈 가치가 있다고 생각하는가?"

그때 아내 리비아가 남편의 괴로워하는 모습을 보고, "여자들의 조언도 들어 주실 수 있겠어요?" 하며 의견을 말했다.

"의사들이 여느 때 쓰던 처방이 듣지 않을 때 하는 식으로 해 보세요. 반대의 처방을 말이어요. 당신은 지금까지 냉혹한 방법으로는 아무런 성과도 얻지 못했어요. 그러니 온화하고 관대한 방법을 쓰는 것이 어떨까요? 킨나를 용서하세요. 당신을 해칠 생각을 다시는 하지 못할 것입니다. 그리고 이것은 당신의 영광에 보탬이 될 거예요."

아우구스투스는 자기 심정의 변호인을 발견하고 아주 마음이 흐뭇했다. 그는 아내를 내보내고, 킨나를 자기 앞으로 오게 했다. 그리고는 사람들을 모두 방에서 내보내고 킨나에게 자리를 내준 다음 그에게 말했다.

"우선 네게 잠자코 들어 달라고 요구하겠다. 킨나, 내 말을 끊지 마라. 다음에 네가 충분히 대답할 시간과 여유를 주겠다. 너는 알지, 킨나? 나는 적진에서 너를 잡아왔으며, 너는 단순히 나의 적이었을 뿐 아니라 출생 때부터 나의 적으로 태어난 너인데도 불구하고, 나는 너를 살려주고 너의 재산을 모두 돌려주었다. 그리고 너를 편하고 안락하게 만들어 주었다. 네가 제례祭禮의 직책을 요구하기에, 나는 내 전우들의 자제가 서로 달라고 청하는 것도 거절하고, 네게 그 직책을 맡겼다. 나로서는 이렇게 큰 은혜를 베풀었는데도 너는 오히려 나를 죽이려고 하는구나."

이때 킨나가 소리를 지르며 "그런 끔찍한 생각은 꿈에도 가져본 적이 없습니다" 하고 주장하자 아우구스투스는 이어 말했다.

"너는 내게 약속한 바를 지키지 않는구나, 킨나. 너는 내 말을 끊지 않겠다고 약속했었다. 그렇다. 너는 어느 곳에서 어느 날 누구누구와 이러저러한 방법으로 나를 죽이려고 계획하지 않았느냐?"

킨나가 이 말을 듣고, 잠자코 있겠다는 약속을 지키기 위해서가 아니라, 양심의 가책을 받고 침묵하는 것을 보고, 아우구스투스는 계속해서 말했다.

"왜 너는 나를 죽이려고 하지? 황제가 되고 싶은가? 네가 이 제국을 차지하지 못하게 막는 것이 나혼자뿐이라면, 정말 나라를 위해 불행한 일이다.

너는 네 가문도 제대로 지키지 못하고 최근에는 하찮은 해방 노예의 압력으로 한 소송 사건에서도 패소했다. 너는 시저가 될 계획 외에는 다른 수단이나 능력도 없느냐?

네 희망을 막는 것이 나혼자뿐이라면 내가 황제 자리를 내놓겠다.

너는 파울로가※, 파비우스가, 코에아가, 세르빌리아가 사람들이 너를 용납할 줄로 생각하나? 그리고 많은 귀족, 이름만 귀족일 뿐 아니라 그들의 용기로 가문에 영광을 세운 귀족들도?"

아우구스투스는 다른 여러 사정을 말한 다음, "자, 가거라 킨나. 옛날에 내 원수였던 너를 살려준 것처럼, 지금은 배반자이며 시역범인 너를 살려준다. 오늘부터 우리 둘 사이에 진정한 우정이 시작되어야 한다."

그 후 아우구스투스는 킨나에게 집정관의 중책까지 맡겼다.

그는 다음부터 그의 절친한 친구가 되고, 그를 자신의 전 재산의
상속자로 삼았다.

　이것은 아우구스투스가 40세 때의 일이었는데, 이 사건 이후
로는 그를 반대하는 음모나 계획이 없었고, 이것으로 그의 관대
한 태도는 정당한 보상을 받았다.

유능한 부하를
곁에 두어라

    군주 곁에 유능하고 성실하고 유능한 재상이 있다는 것은 군주의 사람을 보는 눈과 통솔력이 뛰어나다는 증거이다.

    시에나의 안토니오 데 베나프로는 '판도르프의 심장'이라 할 정도의 명재상인데, 사람들은 그를 발탁한 시에나 공⌂ 판도르프 페르치를 '훌륭한 군주'라고 더 칭송하고 있다.

    대개 인간의 두뇌에는 3단계가 있다.

    ① 자기 스스로 이해하는 두뇌

    ② 타인이 이해한 것을 이해하는 두뇌

③ 자기 자신도 이해 못하고 타인이 이해한 것도 이해 못하는
두뇌

제1의 두뇌는 우수하고, 제2의 두뇌는 보통이고, 제3의 두뇌
는 무능하다. 시에나 공은 제1은 아닐지 모르나 제2 정도임은 확
실하다. 그 자신은 창의성이 부족했으나 재상의 능력을 판단하
는 것은 정확했다. 그리고 상벌을 분명히 했다.

그래서 재상도 진정으로 충성을 다했으며, 군주를 속이려는
생각은 꿈에도 갖지 않았다. 군주의 두뇌로서는 제2의 두뇌가
최고이며, 제1은 오히려 좋지 않은 경우가 많다.

누구라도 자유롭게 군주에게 진실을 말할 수 있게 하는 것은
긴요하지만, 너무 쉽게 함부로 말하는 것을 습관화시키면 군주
에 대한 존경심이 떨어질 염려가 있다.

신성 로마 제국 황제 막시밀리안 1세의 측근 루카 리날디 사
제司祭는 황제의 인품에 대해 '무슨 일이든 부하와 의논하는 일도
없고, 자기 의사에 의해 행하는 일도 없다'고 불평하였다.

이 황제는 내밀히 일하는 것을 좋아하여 자신의 계획을 신하들
에게 말한 적이 없으며, 또한 누구의 의견도 귀담아듣지 않았다.

그런데 무슨 일이든 막상 실행 단계에 들어서면 이미 계획은 일반에게 널리 알려져 그의 측근들이 이의를 제출하게 된다. 그러면 황제는 또 무덕대고 그것을 받아들여 결심을 바꾸곤 했다.

그래서 오늘 결정된 일이 이튿날 벌써 파기되어, 황제가 도대체 무엇을 의도하고 있는지 신하들은 전혀 알 수가 없었다. 그리하여 마침내 황제는 신뢰를 잃고 비참한 말로를 걷게 되었다.

칸나에에서 로마군에게 대승했다는 한니발의 보고를 받은 카르타고는 축제 분위기에 휩싸였다. 이때 장로長老 한논이 열광하는 시민들 앞에 나서, "이 승리를 이용하여 로마와 화평해야 합니다" 하고 지나친 욕심을 훈계했다.

그러나 전승에 취한 시민들은 그 말에 귀도 기울이지 않아서, 뒤에 가서는 결국 굴욕적인 화평 조건을 감수하지 않으면 안 되게 되었다. 한니발의 승전보고는 결과적으로 낭보가 아닌 흉보가 되고 말았다.

그때 한니발의 승전보고를 가지고 온 사자에게 한논이 물어본 것은 '로마가 평화를 구하기 위해 사람을 보내왔는가, 그리고 로마 주변의 여러 나라가 로마에 대해 반란을 일으켰는가?'라는 것이었다.

사자가 둘 다 아니라고 대답하자 한논이 한숨을 쉬며 이렇게 말했다.

"그럼 이 전쟁은 지금 막 시작되었을 뿐이다. 결코, 승리에 도취할 때가 아니다."

"사람을 통솔할 때에는 준엄함을 기본으로 하고 악평을 두려워하지 말며 추호의 부정도 용서해서는 안 된다."

이것은 마키아벨리의 유명한 말이다.

카르타고의 명장 한니발은 대군을 이끌고 도저히 넘을 수 없다는 알프스산맥을 넘어 강국 로마를 공격하여 큰 공을 세웠다. 그의 군대가 다수 인종의 혼성인데다 장기간에 걸쳐 외국 땅에서 싸웠음에도 내란이나 반란은 한 번도 일어나지 않았다.

한니발은 많은 온화한 덕성과 함께 비인간적이라 할 만큼 서릿발 같은 잔혹성을 지니고 있었다. 만일 그가 온화한 덕성만 가지고 있었다면 그와 같은 성공은 이루지 못했을지도 모른다.

한니발을 격파하고 카르타고를 굴복시킨 것으로 유명한 로마의 스키피오 장군은 의외로 부하가 모반을 일으키는 비운을 당했다. 그 원인은 평상시의 온정주의를 에스파냐의 적진에까지 베풀었기 때문이다. 그리하여 원로원의 파비우스 막시무스로부터 '로마를 부패시키는 장본인'이라는 탄핵을 당했다.

스키피오는 부하의 잘못을 질책하기보다는 자신의 부덕을 반성하는 사람이었다. 그러나 이러한 미덕도 때로는 큰 해악을 낳는 것이다. 그것이 개인적으로는 미덕이지만, 공적으로는 악덕이 되는 경우도 흔히 있기 때문이다. 사사로운 정에 흐를수록 더욱 그러하다.

동양의 명저인 '육도삼략'에 이런 말이 있다.

"한 사람을 죽여 삼군三軍이 무서워한다면 그자를 죽일 것이며, 한 사람에게 상을 주어 삼군이 기뻐한다면 그자에게 상을 주어야 할 것이다."

정치가 관대하면 국민은 느슨해지고,
그것이 심하면 이를 교정해야 된다.
그러나 지나치게 맹렬하면 국민은 잔혹해지고,
그렇게 되면 관대한 정치를 하지 않으면 안 된다.
그러므로 양쪽을 서로 보충하는 정치의 조화가 중요하다.

5장

미래를
예견하는 힘

사람이 앞날을 예측한다는 것은 결코 쉬운 일이 아니다.
그러나 지혜 있는 사람들은 매우 독특한 방법으로 먼저 앞날을 내다보고
선수를 쳐서 기선을 잡았다.

현신보다 간신이
필요할 때가 있다

은殷나라의 주왕紂王은 중국 역사상 최고의 미녀로 유명한 달기를 사랑하여 주지육림 속에서 밤낮을 술과 노래에 파묻혀 지냈다. 그는 죄인을 잔인하게 불태워 죽이는 포락이라는 형을 고안해 내기도 했는데, 이의 폐지를 권고한 충신을 '건육乾肉'으로 만들어 죽이기도 한 폭군이었다.

이 은나라를 쳐서 무너뜨린 나라가 서쪽의 주周나라이다. 그러나 주나라는 어느 날 갑자기 은나라로 쳐들어간 것은 아니었다.

주周의 문왕文王은 은나라의 주왕에게 땅을 헌납하고 그 대신 포락의 형을 폐하도록 청하여 천하의 민심을 모으는 한편, 자신도 그 영내에 선정을 베풀면서 조용히 때를 기다리고 있었다.

결국, 주가 은을 치는 것은 문왕의 아들인 무왕(武王)의 대에 와서 비로소 이루어졌는데, 문왕의 재위 50년은 말하자면 때를 기다리고 준비하는 기간이었다. 다음은 그 시기의 이야기이다.

주나라가 비장하고 있는 보물에 '옥판玉版'이라는 진귀한 보배가 있었다. 그런데 어느 날, 주의 문왕에게 은나라의 주왕이 교격이라는 대신을 사자로 보내어 그 옥판을 달라고 했다.

문왕은 평소에 교격의 고결한 인품을 존경해 왔던 터라 그에게 후한 대접을 하였으나, 문제의 옥판만은 내주려고 하지 않았다.

"이것은 전래의 보물이므로 드릴 수가 없습니다."

교격은 하는 수 없이 빈손으로 돌아갔다.

그러나 주왕은 끝내 그것을 단념하지 못하고 이번에는 비중比仲이라는 사람을 시켜서 재차 옥판을 얻어 오라고 보냈다. 이 비중이라는 자는 사악한 신하로서, 주왕의 악행을 부추겨 사욕을 채우는 간신이었다.

주나라 사람들은 이번에도 문왕이 당연히 거절할 것으로 생각했다. 그런데 문왕은 뜻밖에도 이 비중이 찾아오자 두말없이 옥판을 내주고 말았다.

그 이유는 간단하다. 교격은 고결한 현신이고 비중은 사악한 간신이기 때문이다. 문왕은 교격과 같은 현신이 은왕조에서 출세하는 것을 원치 않았다. 그래서 비중에게 준 것이다.

만일 교격에게 주면 그는 왕명을 완수한 공으로 은나라에서 높은 지위를 얻게 될 것이다. 그렇게 되면 은나라는 발전할 것임이 틀림없고, 그것은 결과적으로 주나라에는 이롭지 못하게 된다.

한편 비중은 사악한 간신이어서 그에게 보물을 내 주고 이러한 인물이 득세하게 되면 머지않아 은나라는 멸망할 것임이 틀림없다. 이 경우에 보물 따위는 문제되지 않는다. 은나라가 망하면 그 보물은 자연히 되찾게 될 것이기 때문이다.

그 후의 사태는 과연 문왕이 예견한 대로 진행되었다. 은나라에는 간신들이 득세하고 정치는 혼란을 거듭하여, 주나라 군사가 한번 밀어닥치자 허무하게 무너지고 말았다.

모든 일은
멀리 내다본다

진秦나라의 노장老將 왕전이 60만 대군을 거느리고 초나라를 치러 갈 때였다. 왕전이 진왕 정(政: 나중에 진시황제가 된다)에게 말했다.

"신이 대왕께 청할 일이 있습니다."

진왕 정이 물었다.

"무엇인지 말해 보오."

노장 왕전은 소매 속에서 무슨 목록 같은 것을 내놓았다. 그 목록에는 함양 땅 중에서도 가장 좋은 밭과 훌륭한 저택들이 적혀 있었다.

진왕 정이 말했다.

"장군이 초나라를 무찌르고 개선하면 과인은 장군과 함께 부귀를 누릴 것인데, 장군은 장차 가난할까 봐 걱정이오?"

왕전이 다시 청한다.

"신은 이제 늙었습니다. 늙으면 죽게 마련입니다. 하오니 신이 죽을지라도 좋은 밭과 저택들을 자손에게 물려주고 싶습니다."

진왕 정이 크게 웃으며 대답했다.

"알겠소. 장군의 청대로 해 주겠소."

마침내 왕전은 대군을 거느리고 함양을 떠나 함곡관으로 나갔다. 왕전은 함곡관을 지나면서 수하 아장牙將을 불러, "그대는 곧 함양으로 돌아가서 대왕께 나의 말을 전하여라. '좋은 밭과 저택은 받았지만, 기왕이면 아름다운 동산과 못이 있는 훌륭한 저택을 좀 더 많이 주셨으면 합니다' 하고 나의 뜻을 아뢰어라" 하고 보냈다.

부장副將 몽무蒙武가 왕전에게 말했다.

"노 장군께서는 대왕에게 너무도 많은 것을 청하십니다그려."

노장 왕전이 빙그레 웃고 대답했다.

"진왕은 성미가 사납고 의심이 많은 사람이오. 이번에 왕은 나에게 60만 대군을 맡겼소. 지금 국내에 남아 있는 군사라곤 몇백

명밖에 안 되오. 만일 내가 반역이라도 하면 어쩌나 하고 왕은 속으로 의심할 것이오. 내가 나의 자손을 위해서 많은 청을 한 것은 왕을 안심시키기 위해서였소. 왕의 의심을 받는 신하는 죽임을 당하기 때문이오."

변화가 무쌍한 난세를 살아가려면 다른 사람보다는 빨리 앞을 내다보고 적절하게 손을 쓰지 않으면 안 된다.

7강국이 생존을 위한 격심한 경쟁을 계속하던 전국 시대의 일이다. 진秦·한韓·위魏·조趙·연燕의 5개국이 동맹을 맺고 동쪽의 제齊나라를 쳤다.

이것을 보고 기뻐한 것은 초楚나라였다. 싸움의 권외에 있는 초나라로서는 강 건너 불구경이요, 타국끼리의 싸움이니 크게 환영할 만한 일이었다.

초왕을 비롯해서 중신들은 잇달아 들려오는 첩보에 모두 손뼉을 치고 있었다. 그런데 오직 한 신하만이 오히려 그것을 염려하고 있었다. 곧 소양昭陽이라는 사람이었다. 그는 생각했다.

'5개국의 동맹군이 제나라를 친 다음에는 반드시 우리 초나라로 쳐들어올 것이다.'

5개국의 중심 세력은 진나라이며, 그 진나라가 진정으로 노리고 있는 것은 인접하고 있는 초나라 땅이었다. 초나라를 노리지 않을 까닭이 없는 일이었다.

그의 의견은 초왕에게 상주되었고, 이를 받아들인 초왕은 그 대책을 강구했다. 그 결과 5개국 동맹을 분열시키는 것이 가장 효과적이라는 결론을 내렸다. 그리하여 5개국 중에 제일 먼저 위나라에 초점을 두고 초나라의 밀사가 파견되었다.

"5개국 동맹을 해소시켜 준다면 우리 초나라는 귀국에 대해서 다섯 성城을 할양해 드리겠습니다."

위왕은 이 말을 믿고 당장에 동맹을 깨뜨리고 말았다.

이렇게 해서 5개국의 위협이 사라지자 초나라는 위나라와의 약속을 이행하지 않고 어물어물 미루기만 했다. 이리하여 소양의 예견은 초나라의 위기를 사전에 막을 수 있었다. 이에 비해 위왕은 앞을 내다보지 못하고 동맹을 깨뜨려 신의만 잃고 말았다.

조나라의 거상巨商 여불위呂不韋는 어느 날 거리에 나갔다가 우연히 진秦나라의 왕손 이인異人을 보았다. 이인은 그때 조나라에 볼모로 와 있었는데, 조나라로부터 천대를 받고 있었다.

여불위가 이인을 본즉 참으로 귀인의 상이었다. 얼굴은 백옥

같고 입술은 주홍빛이었다. 여불위는 속으로 은근히 탄복하며 중얼거렸다.

"잘만 하면 참으로 좋은 밑천이 되겠구나."

여불위는 그날 집으로 돌아가 그의 아버지에게 물었다.

"농사를 지으면 몇 배나 이익을 볼 수 있습니까?"

아버지가 대답했다.

"10배의 이익을 보게 되겠지."

"구슬이나 옥 같은 보물 장사를 하면 몇 배나 이익을 봅니까?"

"줄잡아 백 배의 이익은 보겠지."

여불위가 계속 물었다.

"만일 한 사람을 도와서 그 사람을 일국의 왕이 되게 하고, 그 나라 정권을 잡는다면 그 이익이 몇 배나 되겠습니까?"

아버지가 웃으면서 대답했다.

"참으로 그렇게 된다면 그 이익은 어찌 다 헤아릴 수 있겠느냐."

이리하여 여불위는 천금을 흩어 왕손 이인의 탈출 계획을 진행하는 동시에, 자신의 애첩 조희趙姬를 이인과 맺어 주기까지 했다. 그때 조희는 이미 여불위의 씨를 배고 있었으나, 이 일은 극비에 부쳐 두었다.

마침내 조나라를 탈출하는 데 성공한 왕손 이인은 그 후 진나라의 왕이 되고 여불위는 승상(국무총리)이 되어 진나라의 정권을 장악했다.

여담으로, 지난날 여불위의 애첩이었던 조희는 왕후가 되고, 실은 여불위의 자식인 정政이 태자가 되었는데, 그 태자 정이 나중에 진시황 바로 그 사람이다(여불위는 그 후 지나치게 권세를 탐하고 조희와의 관계를 계속하다가 마침내 진왕이 된 태자 정에 의해 자결하는 비운을 겪게 된다).

이상한 징조를
포착하고 대비하라

한대^{漢代}에 편찬된 '설원^{設苑}'이라는 고대 중국의 설화집에 '권모 權謀'라는 제목이 붙은 한 편^篇이 있는데, 그 책에 모아놓은 일화 대부분은 미리 앞을 내다본 현자들의 이야기라고 할 수 있다. 그 당시의 정의에 따르면 '권모'라고 하는 것은 앞을 예견하는 것이라고 말하고 있다.

대개, 일은 뚜렷한 형태를 갖추기 전에 어떤 징조가 먼저 나타난다. 아무리 갑자기 일어난 일이라도 사실은 '징조'가 있었다는 것이다. 다만 주의를 기울이지 않았거나 그에 대한 지식이 없었기에 그것을 몰랐을 뿐이다.

간단한 실례를 들어 보자.

"은나라의 주왕이 상아로 젓가락을 만들었다. 이를 본 중신 기자箕子는 천하의 화를 예지했다"는 말이 나오는데, 과연 그 후 천하는 혼란에 빠지고 은나라는 멸망했다. '상아의 젓가락'과 '천하의 화'란 어떻게 결합하는 것일까?

'한비자韓非子'에 의하면 기자는 다음과 같이 생각했다고 한다.

상아의 젓가락을 만들게 되면 음식을 만드는 그릇도 옥석으로 만들어야 할 것이다. 옥으로 만든 집기와 상아의 젓가락을 사용하면 음식은 콩이나 채소 따위는 먹지 않을 것이고, 코끼리의 고기나 표범의 창자 등 진미를 먹게 될 것이다.

그렇게 되면 입는 옷도, 사는 집도 지금까지와 같은 것으로 할 수는 없을 것이며, 비단옷에다 화려한 궁전에 살게 마련일 것이다. 이렇게 사치에 흐르게 되면 망하지 않을 수 없다는 것이다.

이러한 견해는 "바람만 불어도 통을 만드는 장사는 돈벌이가 된다"는 식의 비약적 논리로 발전할 가능성이 없는 것은 아니지만, 요컨대 일견 사소한 징조에서도 숨겨진 본질을 찾아낸다는 점이 중요하다.

삼국 시대 위나라의 권신 하안何晏이 들으니 평원 땅에 있는 관로管輅가 점을 잘 친다고 한다. 하루는 관로를 청하여다 주역을 논하고 있었는데, 때마침 그의 동료 등양이 옆에 있다가 관로에게 물었다.

"그대가 말로만 주역에 밝다면서 한 번도 주역 가운데 사의詞議는 말한 적이 없음은 무슨 까닭이오?"

관로가 대답했다.

"모르시는 말씀… 원래 주역을 잘하는 자는 주역에 대해 말하지 않는 법이라오."

듣고 있던 하안이 크게 웃으면서,

"옳은 말이오."

한바탕 칭찬하고 나서 관로에게 은근히 물었다.

"어디 내 점 한번 쳐 보시오. 혹시 삼공三公 자리에 앉기나 할지, 잘 한번 봐주시오" 하며 한편으로 관로의 눈치를 보면서, "영감, 내 여러 차례나 쉬파리떼 수십 마리가 콧등에 날아들었는데, 그게 무슨 조짐이겠소?" 하고 물었다.

"코라는 것은 원래가 산이라, 산은 높으면서도 위태롭지 않아야 길이 귀함을 지킬 터인데, 이제 쉬파리가 악취를 맡고 모였으니, 벼슬 높은 자가 넘어지지 않을까 두렵습니다. 바라건대, 귀

176

공께서는 많은 것을 펴고 적은 것을 더하여 예禮가 아니면 밟지 말아야 비로소 삼공의 자리에 이를 수 있을 것이며, 쉬파리떼를 물리칠 수 있을 것입니다."

관로의 말이 미처 끝나도 전에 등양이 눈을 부라리며, "그게 무슨 점인가? 무엄한 소릴 함부로 지껄이다니!" 하고 소리쳤다.

관로도 소리를 높이며, "노생老生이 살지 못할 것을 보고, 상담하는 자 말하지 못할 것을 보았구나!" 하고, 소매를 떨치고 나와 버렸다.

하안과 등양은 껄껄 웃으며, "그것참… 그 미친 이로군!" 하고 비웃어 마지않았다.

관로는 집으로 돌아오자, 마침 다니러 온 외삼촌에게 이 일을 이야기했다. 듣고 나자 외삼촌은 매우 놀랐다.

"아니, 네가 정신이 있는 사람이냐? 그 두 사람의 권세가 어떻다고 함부로 그런 말을 지껄였느냐?"

그러나 관로는 서슴지 않고, "아, 죽은 사람하고 얘기했는데 걱정은 무슨 걱정이십니까?" 하면서 내뱉듯이 말했다.

외삼촌은 더욱 놀라서, "죽은 사람이라니? 그건 또 무슨 말이냐?" 하고 물었다.

"제가 보기에 등양은 걸음걸이에 힘줄이 뼈를 묶지 못하고 맥이 살을 누르지 못하여, 일어나고 서는 데 마치 수족이 없는 듯 뒤룩거리니, 곧 귀신이 뛰노는 상₩이요, 하안으로 말하면 눈을 뜨는 데 넋이 집을 지키지 못하고, 피가 화색華色이 없으며 얼굴이 마치 마른나무 같으니, 바로 귀신이 씌운 상입니다. 두 사람에게 필시 조만간 살신지화殺身之禍가 있을 텐데 무엇이 두렵겠습니까."

듣고 있던 관로의 외삼촌은 하도 어처구니없는 말에, "예끼 미친놈!" 하고 자리를 떨치고 나가 버렸다.

그 일이 있고 얼마 지나지 않아 하안과 등양은 기회만 엿보고 있던 사마의의 반정反正으로 모두 무참한 죽임을 당하고 말았다. 이상한 징조가 보일 때 스스로 근신했어야 옳았다.

경쟁자를 물리치는
계략을 세우라

초나라 왕후 정수鄭袖는 자색이 아름답고 지혜가 뛰어나 초왕의 사랑을 독차지하고 있었다. 그런데 초왕이 한 미인을 새로 맞아들인 후로 초왕이 그녀에게서 점점 멀어져 갔다.

사랑을 빼앗기게 된 정수가 새로 들어온 미인에게 말했다.

"그대는 아직 모르겠지만, 대왕은 여자가 손으로 코를 살짝 가리는 것을 아주 좋아한다네. 그러니 대왕 앞에서는 언제나 코를 가리도록 하게."

그 후로 미인은 그 말을 곧이듣고 정수가 시키는 대로 초왕 앞에서는 항상 손으로 코를 가렸다.

어느 날 초왕이 정수에게 물었다.

"미인이 나만 보면 손으로 코를 막으니 무슨 까닭일까?"

정수가 앙큼스럽게 대답했다.

"대왕의 몸에서 노린내가 어찌나 심하게 나는지 그래서 코를 막아야 견디겠다고 하더군요."

이 말을 듣고 크게 노한 초왕은 그날로 미인의 코를 베어 버렸다.

이리하여 정수는 다시 초왕의 사랑을 독차지하게 되었다.

진晉나라의 지백智伯은 한·위韓魏와의 동맹군을 이끌고 조나라로 쳐들어가 진양성을 물로 함몰시키는 수공水攻을 가했다. 성은 곧 수몰될 찰나였고 항복은 시간문제였다.

그때 지백의 한 부하가 말했다.

"동맹군인 한나라와 위나라가 배반할 것 같습니다."

"어떻게 그것을 알 수 있는가?"

지백이 묻자 부하가 대답했다.

"적의 성이 함몰 직전에 있음에도 한·위 두 나라의 왕이 기뻐하기는커녕 어딘가 석연치 않은 얼굴을 하고 있습니다. 이것은 바로 딴마음이 있다는 증거입니다."

다음날 지백은 한·위 두 나라의 왕에게 추궁하였다.

"귀공들이 배신할 것이라고 밀고하는 사람이 있는데 사실이오?"

두 사람이 동시에 말했다.

"조나라를 이겨서 그 땅을 셋으로 나누려는 터에 어찌 우리가 딴 마음을 먹겠소. 그것은 우리를 분열시키려는 중상모략일 것이오."

지백은 그 말을 믿고 그의 부하를 죽이려고 했다. 이 기미를 알아챈 부하는 재빨리 도망을 치고 말았다. 그러나 그 후 얼마 되지 않아서 한나라와 위나라는 과연 지백에게 반기를 들었다.

이런 경우 대개는 그것을 기뻐하는 것이 보통이다. 그것을 기뻐하지 않는다는 데서 그의 부하는 무엇인가 이상한 '조짐'을 발견한 것이다. 마치 땅 표면의 희미한 변화를 보고 광맥을 발견하는 것과 같다. 더욱이 인간 마음의 동요는 어떤 형태로든 겉으로 나타나게 마련이다.

숨기고 있는 것만큼 잘 나타나는 것은 없다. (중용中庸)

진晋나라에서 위衛나라에 막대한 보화를 선물로 보내왔다. 위 왕은 크게 기뻐하며 신하들을 모아놓고 축하연을 베풀었다. 위나라는 소국인 데 비해 진나라는 국토가 엄청나게 넓고 강한 나라였다. 그런 대국에서 예를 갖추어 선물을 보내왔으니, 기뻐하는 것도 무리가 아니었다.

그런데 남문자南文子라고 하는 신하는 축하는커녕 어두운 얼굴로 위왕에게 간했다.

"이유가 없는데 선물을 보낸다는 것은 화근의 징조입니다. 진나라와 위나라와의 힘의 관계를 말한다면 이쪽에서 예물을 올려야 할 것인데 오히려 저쪽에서 보내왔습니다. 이것은 심상치 않은 일로써, 결코 방심해서는 안 될 것입니다."

"흠, 일리가 있는 말이오."

위왕은 느낀 바 있어 성을 수축하고 군사를 훈련하는 등 국경의 방비를 게을리하지 않았다.

실은 그 선물은 진나라 지백智伯의 계략이었다. 지백은 먼저 보물을 선사하여 안심을 시킨 다음, 이어서 군마를 선물로 가장하여 보내면서 일거에 위나라를 치려 한 것이다.

때를 보아 국경 가까이 군마를 집결시킨 지백은 뜻밖에도 위나라의 수비가 튼튼한 것을 보자, 계략이 탄로 난 것을 알고 즉시 군사를 되돌리고 말았다.

후환이 될 만한 것은
미리 제거한다

한신韓信은 유방劉邦이 한漢 제국을 세우는 데 일등 공신이다. 그 한신이 모반을 꾸미고 있다는 밀고가 여후呂后에게 알려지자, 여후는 위계僞計를 꾸며 한신을 궁중에 들어오게 하고는 복병을 시켜 그를 죽였다.

그뿐만 아니라 그녀는 한신의 삼족, 즉 부계·모계와 처족 등을 모두 죽여, 이른바 연좌제를 처음으로 적용한 공포 정치의 명수였다.

그 후 영왕梁王 팽월彭越이 고조 유방의 토벌 전투에 참여하지 않았다는 이유로 평민으로 강등되자, 그 억울함을 낙양에 있는 여후에게 호소하며 구명 운동을 했다.

그러나 여후는 거꾸로 고조에게 팽월을 그대로 두면 나중에 모반할 것이니, 그 전에 미리 죽여야 한다고 하였다.

"양왕 팽월은 만약 제가 그를 구해 주더라도 한을 품을 것이며, 또한 구해 주지 않으면 더욱 한을 품을 것입니다."

"음, 그것도 그렇겠구먼???."

유방이 결정을 내리지 못하고 유예하자 여후가 다그쳤다.

"팽월은 결코 남의 밑에 있을 인물이 아닙니다."

"…"

여후와 고조의 대화는 이렇게 끝났다.

결국, 팽월은 살해되고 그 일족도 모조리 처형되었다. 그의 시체는 소금에 절여 여러 제후에게 본보기로 보여 주었다.

위에서 보았듯이 조금이라도 부자연스러운 '징조'가 보일 때는 그것을 통해서 앞일을 예견할 수가 있다. 그런데 표면적으로는 아무런 이상도 보이지 않는 경우가 있다.

이에 대해서 권모술수의 명수들은 매우 독특한 방법을 쓰고 있다. 그것은 음성적인 방법으로 보는 수법이다. 달리 말하면 역설적으로 본다고 할까, 어쨌든 뒤집어서 보는 방법이다.

초나라의 장왕^{莊王}은 소국 진^陳나라를 공략하기 위해 첩자를
보내어 그 허실을 살펴보게 했다. 이윽고 첩자가 돌아와서 보고
했다.

"진나라를 공격해서는 안 되겠습니다."

장왕이 물었다.

"그것은 무엇 때문인가?"

"성벽은 높고 해자^{垓字}는 깊어 그 방비가 철통같습니다. 게다
가 군사가 먹을 군량과 군마가 먹을 마초^{馬草} 또한 산더미같이 쌓
여 있기 때문입니다."

이 말을 들은 장왕은 빙그레 웃으며 말했다.

"음, 그렇다면 진나라를 칠 기회는 바로 지금이로군."

"그것은 무슨 까닭입니까?"

"진나라에 멸망의 징조가 보이기 때문이네."

"…?"

"그래도 모르겠는가, 진나라와 같은 소국에서 그토록 많은 전
쟁 준비를 했다면 필경 혹독하게 세금을 거두어들여 백성의 원망
이 들끓고 있을 걸세. 또 그 나라에서 그처럼 성벽을 높이 쌓고 물
길을 깊이 팠다면 많은 백성이 심한 노역에 시달렸을 것인즉, 그
들은 모두 피로에 지쳐 마음속으로 깊이 원망하고 있을 것이야."

과연 장왕은 군사를 일으켜 진나라를 쳐 대승을 거두었다.

초나라가 오군吳軍과 불과 30리를 사이에 두고 서로 대진하였을 때의 일이다. 계속 내린 비로 피아 양쪽이 모두 군사를 움직이지 못하고 있었다. 그러나 10일째 되는 날 밤이 되자 겨우 날이 개고 별이 보였다.

초나라의 좌사左史 기상奇想이 말했다.

"비가 열흘이나 계속되어 그동안 충분히 휴식을 취한 오군이 오늘 밤 야습을 해 올 것 같습니다. 미리 대비책을 세워야 할 것입니다."

그의 말에 따라 초군이 대열을 정비하고 있으니 과연 오군이 쳐들어왔다. 그러나 초군의 방비를 보고 그대로 돌아가고 말았다.

그러자 지상이 다시 말했다.

"이번에는 우리가 추격해야 합니다. 적은 우리를 치려고 왕복 60리를 달려, 지금쯤 아마 쉬거나 식사를 하고 있을 것입니다. 우리 군은 30리만 달리면 충분합니다. 피로의 차이가 있지 않습니까?"

초군은 오군을 추격하여 이를 대파하였다.

도움이 되는 것과
해가 되는 것을 구별한다

춘추 전국 시대에는 극히 개성적인 인물들이 많이 활약하고

있었는데, 월^越나라의 범려 같은 사람은 이런 의미에서는 인생의

앞을 간파한 달인이다.

그는 월왕 구천^{句踐}을 도와 숙적인 오나라를 멸망시킨 명신이

었다. 십수 년의 간난신고 끝에 구천이 천하 제패의 야망을 달성

하고 패재가 되었을 때 그 자신도 상장군으로 임명되었지만, 고

국으로 개선하자 범려는 곧 스스로 사직하고 말았다. 그는 이렇

게 생각했다.

"명성을 오래 간직하기는 힘들다 - 그리고 명성 아래에는 오래

머물러 있기가 어렵다."

자고로 재물과 명예를 탐내어 헛되이 목숨을 잃어버린 사람이 얼마나 많은가. 특히 창업기에는 주종主從이 일체가 되어 고락을 함께하다가 공을 이루고 이름을 떨치게 되면 무자비하게 배신하는 예는 얼마든지 있다.

범려는 이러한 사태를 미리 예견하고 있었다. 그는 사직한 후에 아예 제나라로 이주해 버렸다. 오늘의 산둥성이다. 그곳에서 그는 이름도 바꾸고 농사를 짓기 시작했다. 몇 해 지나지 않아서 그는 거액의 돈을 모았다.

그의 평판이 제나라의 서울에까지 전해지자 제왕은 그에게 재상 자리를 주겠다고 제의했다.

"명예는 화의 근본이다. 오랫동안 명성을 누리는 것은 불길한 일이 아닐 수 없다."

범려는 이번에는 재산을 친구와 마을 사람들에게 나누어 주고 특히 중요한 재보만을 챙겨서 몰래 제나라를 떠나버렸다.

그 후 도陶나라로 옮겨간 범려는 또 이름을 바꾸고, 부지런히 농사도 짓고 짐승도 기르는 한편으로 다른 제후국과의 무역에도 손을 대 다시 거액의 돈을 쌓게 되었다.

그는 이름을 떨치면 그 일을 그만두었고, 성공하면 곧 또 떠나

버렸다. 그때마다 거듭되는 변신술은 화와 복을 꿰뚫어 보는 달인의 경지라고 하지 않을 수 없다.

그렇다고 해서 범려와 같은 예견이나 선견지명이 반드시 좋다고 할 수는 없다. 그 시대의 국가와 사회의 사정에 따라 달리 생각할 수도 있다. 인생에 너무 앞을 내다본 나머지 오히려 지금의 일을 망칠 수도 있기 때문이다.

줄리어스 시저는 자신의 별, 즉 운명에 관해서는 관심이 없고, 인간 이성에 대한 자신을 가지고 있었다. 그는 고매한 사업은 다만 수행할 뿐이지, 숙고하는 것이 아니라고 말한다. 그만큼 그의 작전에서는 군사 이론을 벗어나는 의외의 시도를 곧잘 했다.

파르살리아의 전투를 성공적으로 끝낸 시저는 자기 군대는 먼저 아시아로 보내놓고, 그는 단지 배 한 척을 타고 보스포루스 해협을 건너가다가, 바다에서 루키우스 카시우스가 거대한 전함 10척을 거느리고 오는 것과 마주쳤다.

그러나 그는 조금도 당황하지 않았다. 그는 여유 있게 기다렸을 뿐 아니라, 오히려 그에게 사람을 보내어 항복하라고 권고하는 용기를 가지고 있었다. 그리고 그 목적은 달성되었다.

그가 알렉시아를 공격했을 때, 안에는 8만 명의 수비군이 있고, 밖에는 골르족이 그와 대항하기 위해 19만 필의 말과 24만 명의 보병을 배치해 놓았다.

그런데도 그는 조금도 주저하거나 두려워하지 않고 과감하게 양면에서 적을 압박하여 대승을 거두었다.

이 알렉시아 공략 전에서 시저는 참으로 비상하고도 과감한 방법을 썼다. 즉, 골르족들이 시저와 대전하기 위해 집결했을 때, 자신의 전 병력을 점검하고 난 시저는 혼란에 빠질 것을 염려하여 방대한 병력의 상당 부분을 잘라 버렸다.

수가 많은 것을 염려한다는 이런 예는 아주 기이하고도 새로운 것이다. 그러나 이것을 잘 살펴보면, 한 군대의 집단은 그것을 유지 통솔하고 질서를 세우기 어려울 때는 적당한 크기로 규제해야 함은 당연한 일이다. 사실 필요 이상으로 많은 병력은 별로 쓸모 없다는 것은 예를 들어 증명하기 어렵지 않은 일이다.

크세노폰에 나오는 키로스의 말에 의하면, 아군을 유리하게 이끄는 것은 군사들의 수가 아니라 능력 있는 병사이며, 그 나머지는 도움보다는 오히려 장애가 된다는 것이다.

오해받을
일을 하지 말라

일세의 영웅 시저는 공화제의 최고 지위도 마음에 차지 않아서 황제가 되기를 바란 것이 비극의 원인이었다.

로마의 인심은 그의 야망을 꿰뚫어 보았고, 그것을 싫어했다. 그 중심인물이 된 사람이 브루투스였다. 이 젊고 패기에 찬 공화주의자는 시저를 응징하려는 마음으로 불탔다.

기원전 44년 3월 15일, 원로원 앞 광장. 폼페이우스의 동상 앞에서 시저는 브루투스와 그의 동지의 칼에 쓰러졌다. 시저가 피를 흘리며 중얼거렸다.

"브루투스, 너마저도…."

이리하여 배반자의 상징 브루투스는 총독으로 임명되었다.

그러나 사태는 급전되었다. 4일 후 시저의 유언장이 공표되고, 로마시민 한 사람 한 사람에게 금화金貨를 준다는 것을 알았을 때, 시민은 죽은 시저의 은혜를 새삼스럽게 다시 떠올리게 되었다.

그 이튿날 장례식은 형세를 역전시켰다. 무참하게 칼에 찔려 피투성이가 된 시저의 유해가 중앙 광장으로 운구되는 순간, 시민 사이에 걷잡을 수 없는 동요가 일어났다.

시저의 둘도 없는 지지자였던 안토니우스가 죽은 시저의 공적을 눈물 어린 목소리로 절규하면서, 시저의 피로 물든 웃옷을 들어 보였다. 시민은 흥분하여 어제까지 환호를 보냈던 암살자를 죽이라고 외쳤다. 그리하여 안토니우스는 시저의 뒤를 이어 정권을 장악하게 되었다.

훌륭한 정치가 행해지기 위해서는 인망이 있는 정치가가 필요하다. 그 인망 획득 수단에는 공적인 것과 사적인 것이 있다. 공적 수단이란 공공복리를 위해 공헌할 수 있는 것을 말하고, 사적 수단이란 개인적인 은혜를 특정인에게 주는 것을 말한다.

사적 수단으로 인망을 얻는 정치가는 나중에 독재자가 되어

전제정치를 할 우려가 커서 이 점을 경계하지 않으면 안 된다.

로마가 혹심한 식량 부족으로 고통받고 있을 때의 일이다. 당대의 유수한 재산가 스프리우스 마에리우스는 자신의 개인재산을 털어 밀을 사모아 시민에게 나누어 주려고 했다. 이를 기뻐한 시민은 그에게 아부하려고 했으며, 그의 인망은 급격히 올라갔다.

그러자 원로원은 긴장했다. 이대로 두면 스프리우스가 참주가 될 염려가 있다 하여 가이스 세르빌리우스 아하라에게 명하여 그를 무참히 살해하고 말았다.

명성을 오래 간직하기는 힘들다.

그리고 명성 아래에는 오래 머물러 있기가 어렵다.

훌륭한 정치가 행해지기 위해서는
인망이 있는 정치가가 필요하다.

약자가 강자를 이기는
지략과 모략

초판 1쇄 인쇄 2022년 01월 20일
초판 1쇄 발행 2022년 01월 25일
———

지은이 이준구, 민윤식 외 7명(공공인문학포럼)
펴낸이 김호석
기획부 곽유찬
편집부 박선영
디자인 redkoplus
마케팅 오중환
경영관리 박미경
영업관리 김경혜
———

펴낸곳 도서출판 린
주소 경기도 고양시 일산동구 장항동 776-1 로데오메탈릭타워 405호
전화 02) 305-0210
팩스 031) 905-0221
전자우편 dga1023@hanmail.net
홈페이지 www.bookdaega.com
———

ISBN 979-11-87265-88-7 03190